¿CÓMO ORAR?

Guía sencilla para
despertar el corazón profundo

¿CÓMO ORAR?

Guía sencilla para despertar el corazón profundo

Segunda edición

Evaristo Sada, L.C.

Sada Derby, Evaristo
   ¿Cómo orar?: Guía sencilla para despertar el corazón
         profundo / Evaristo Sada Derby – México: Universidad
         Anáhuac México Norte, 2016.
172 pp.; 12.5 × 19 cm.
Bibliografía: p. 151
Rústica
ISBN: 978-607-7652-74-8

1. Oración—Estudio y enseñanza. 2. Iglesia Católica—
Oraciones y devociones.

Dewey: 248.32   LC: BV214

Diseño de portada: Francisco Ortiz. Cuartel creativo
Derechos reservados: Evaristo Sada Derby

Segunda edición, 2016
ISBN: 978-607-7652-74-8

Derechos reservados para esta edición:
© 2016, Investigaciones y Estudios Superiores SC
         Universidad Anáhuac México Norte
         Av. Lomas Anáhuac 46, Col. Lomas Anáhuac
         Huixquilucan, Estado de México, C.P. 52786

Miembro de la Cámara Nacional de la Industria Editorial Mexicana.
Registro núm. 3407

Impreso en México

Puede adquirir este libro en: www.elarca.com.mx

ÍNDICE

Presentación

El mayor regalo que podemos hacer a una persona hoy en día es enseñarle a orar. Despertar en ella la sed de la oración y darle después los medios concretos para perseverar fielmente en ella, día tras día, año tras año.

La fidelidad a la oración abre la puerta de nuestro corazón al misterio de Dios. Un Dios que no es una idea, una abstracción, sino el *"Dios de Abraham, de Isaac y de Jacob"*, el Dios vivo y verdadero, que no tiene mayor deseo que el de hacerse conocer por el hombre y entrar en una relación constante con su criatura para comunicarle su vida y su felicidad, acompañarla y conducirla en cada momento de su existencia. De ahí la importancia de la formación en la oración, sin la cual la vida cristiana se queda en un nivel superficial, sin profundidad y sin alegría, sin dinamismo ni fecundidad.

En su exhortación apostólica *"Novo Millennio Ineunte"*, publicada en la fiesta de la Epifanía del año 2001, que presenta las orientaciones que el santo Papa Juan Pablo II quería transmitir a la Iglesia del tercer milenio, encontramos estas palabras: *"Hace falta, pues, que la educación en la oración se convierta de alguna manera en un punto determinante de toda programación pastoral."* Estamos llamados a convertirnos en servidores de Dios y de su designio de salvación sobre el mundo. Pero mucho más que encontrar en nosotros buenos servidores, Dios desea hacer de nosotros sus amigos, tener una relación personal con cada uno de sus hijos, una relación viva, íntima, que se exprese y se haga más profunda justamente en la fidelidad a la oración personal. *Es preciso aprender a orar, como aprendiendo de nuevo este arte de los labios mismos del divino Maestro, como los primeros discípulos: "Señor, enséñanos a orar" (Lc 11, 1). En la plegaria se desarrolla ese diálogo con Cristo que nos convierte en sus íntimos: "Permaneced en mí, como yo en vosotros" (Jn 15, 4). Esta reciprocidad es el fundamento mismo, el alma de la vida cristiana y una condición para toda vida pastoral auténtica. (Novo Millennio Ineunte, núm. 32).*

Todos los males que afligen a la humanidad se derivan de una falta de conocimiento de Dios: negación de Dios, indiferencia hacia él o incluso una falsa concepción de Dios. Hoy más que nunca el Señor desea revelar su verdadero rostro y su amor misericordioso a una multitud de personas, y realizar la bella promesa del profeta Jeremías: *"Van a llegar días en que todos me conocerán, desde los más pequeños hasta los más grandes"* (*Jer* 31, 34).

Solo en este conocimiento vivo de Dios que se adquiere en la oración la persona humana encuentra el verdadero sentido de su existencia, es poco a poco renovada y transformada en profundidad, se convierte en ese "hombre nuevo" del que habla San Pablo.

San Pedro de Alcántara, un franciscano del siglo XVI que fue un importante apoyo para Teresa de Ávila en su obra de reforma, se expresa así en su *Tratado de la oración y meditación:*

> *En la oración el alma se purifica del pecado, la caridad se alimenta, la fe se enraíza, la esperanza se fortalece, el espíritu se goza, el alma se derrite de ternura, el corazón se acrisola, la verdad se descubre, la tentación es vencida, la tristeza huye, los sentidos se renuevan, la tibieza desaparece, el orín de los vicios se consume; de este negocio nacen también centellas vivas, deseos ardientes del cielo, y entre estas centellas arde la llama del divino amor.*

Me alegro entonces por la publicación de este libro del P. Evaristo Sada, con quien he tenido la alegría de trabajar en diversas ocasiones. Después de algunos años él se sintió llamado al apostolado de la formación en la oración, en particular a través de la predicación de numerosos retiros en México y en otros países. Él posee una gracia muy bella para hacer comprender que la oración no es una realidad difícil y complicada, reservada solo para una élite, sino una realidad simple y accesible para todos, en especial para los laicos comprometidos en el mundo.

Deseo que este libro, fruto de su rica experiencia, pueda ayudar a numerosas personas a lanzarse con fidelidad y confianza por el camino de la oración, y que así su vida sea totalmente iluminada y renovada por el amor y la ternura de Dios.

PADRE JACQUES PHILIPPE

Introducción

¿Andas en busca de paz interior? Tal vez después de probar diversos caminos aún sientes tu corazón débil y enfermo, con vacíos que nada ni nadie han logrado llenar. Haces bien en acudir ahora a la fuente, la Fuente de paz. Cuando lo hacemos nos sentimos bien. En cambio, nos enfermamos cuando desconocemos a Dios, lo ignoramos, nos olvidamos de Él o somos indiferentes a su amor. «Me dejaron a mí, fuente de aguas vivas y se cavaron cisternas agrietadas que no pueden contener el agua» (*Jer* 2,13).

La paz se encuentra en el fondo del alma, donde Dios te habita. Hay que aprender a llegar allí y hablar con Dios de corazón a corazón. **«La enfermedad más importante del alma es la ignorancia de Dios»**[1] y, para conocerlo y poseerlo hay que tratarlo. Por eso un libro que te guíe en la oración puede ser buena opción en tu búsqueda.

Muchos libros presentan la vida espiritual como una lucha individual por alcanzar un ideal de perfección. Quien la afronta así logrará poco. La santidad no es una conquista personal. El pozo lo excava y lo llena Dios. Él emprendió primero el camino para encontrarnos, Él nos buscó prime-

---

[1] Póntico, Evagrio, *Capítulos gnósticos*, II, 8.

ro. Él estableció el ámbito de la comunicación, del amor y de la felicidad al crearnos libres. Pero la libertad de amarle implicaba un riesgo: el de olvidarle, no mirarle y alejarnos. Dios concede la paz interior a quien le acoge en su vida; es Su presencia la que nos llena de paz.

Además del problema del individualismo y la autosuficiencia en la vida espiritual, hoy día **mucha gente halla dificultad para comunicarse, para encontrarse**. Nuestra aceleración del día a día es como una fuerza centrífuga que nos catapulta hacia las cosas exteriores y no es fácil vencer la inercia que llevamos. Por otra parte, la comunicación humana a cuatro ojos se ha visto bastante comprometida por la aparición de los móviles y la adicción a las redes sociales en internet: absorben la atención y limitan mucho la calidad de la comunicación.

Quise escribir este libro pensando sobre todo en los laicos. Llevo varios años impartiendo talleres de comunicación con Dios a jóvenes, adultos y matrimonios, y he aprendido mucho escuchándolos. Creo que los sacerdotes hemos cometido muchas veces un error al hablar de la oración a los laicos sin conocer suficientemente cómo es su vida, sus retos y sus dificultades. Les damos explicaciones, consejos y recomendaciones para su vida de oración como si fueran sacerdotes o almas consagradas, y esto les provoca muchas frustraciones. Lo esencial lo tenemos en común pero su vida es diferente a la nuestra. Tienen necesidades diferentes y dificultades diferentes.

«Los laicos no necesitamos tanto que nos motiven sobre la importancia de la oración, sino que comprendan nuestra vida, **que nos digan cómo escuchar a Dios y nos acompañen**», me dijo una chica antes de comenzar un taller de oración. Otra: «Sentimos que a veces nos piden mucho en la vida de oración, nos sentimos presionadas, nuestra vida es muy difícil». Un señor: «Los sacerdotes dan por supuesto que sabemos qué es rezar y cómo rezar; yo no lo sé.» Y otro: «Cuando nos hablan de la oración, casi siempre nos explican lo mismo, pero falta una enseñanza más práctica y que nos lleve a crecer». Un joven: «Antes de que me enseñen a meditar, me gustaría aprender el sentido de la misa y de las oraciones básicas que aprendí de pequeño. Lo poco que pueda hacer quiero hacerlo bien». Y otro: «Lo que yo más necesito es saber qué tiene que ver Jesús conmigo, conocerlo como persona, quiero encontrarlo, saber cómo es, sentirlo cerca, tratar con Él».

Una y otra vez plantean preguntas existenciales: cómo alcanzar la verdadera felicidad, qué sentido tiene el sufrimiento, dónde está la verdad, cómo lograr la libertad y la paz interior; por qué nada te satisface por completo, cómo saber si Dios te ama, cómo saber si es su voz la que escuchas, cómo compaginar una vida ajetreada con la necesidad de más soledad e intimidad con Él; cómo conciliar los deberes familiares, laborales y el vivir como apóstoles sin caer en el activismo, cómo confirmar mi fe católica en medio de tantos problemas que tiene la Iglesia, etc. ¿Cuáles son las tuyas?

Los laicos experimentan una sed de Dios no abstracta, sino muy concreta: ¿qué tiene que ver Dios con mi día a día?, ¿con la alegría de unos padres al tener un hijo, con la dificultad para tomar una decisión, con el dolor de sentirse incomprendido y juzgado?, ¿con la verdad de una traición, con el pesar de hacer sufrir a personas que quieres?, ¿con la felicidad de compartir un domingo con los amigos, con el entusiasmo de ver triunfar al propio equipo, con la gozada de contemplar un cielo estrellado y de caminar descalzo por la playa? **¿Qué tiene que ver Dios con todo esto? ¿De verdad puede formar parte real de mi vida ordinaria y de mis sueños? ¿Puede acompañarme en esta peregrinación que es la vida? ¿Es posible? ¿Cómo?**

Muchos intuyen que pueden encontrar respuestas en diálogo con Dios, pero piensan que la vida de oración es una actividad religiosa reservada a no sé qué tipo de personas especiales. O que consiste en ritos huecos, fórmulas rutinarias y veneración de objetos misteriosos cuando **orar es estar con Dios, dialogar con Él, experimentar su abrazo paternal y decirle que tú también le amas.**

Me queda claro que **los laicos**, y no solo, **necesitan un pastoreo en la vida de oración**. El P. Jacques Philippe me dijo al terminar un curso de oración que impartimos a parejas: «Yo creo que lo mejor que podemos hacer por una persona es enseñarle a orar» y así es como, animado por él, quise escribir esta guía.

¿Cómo orar?, Guía sencilla para despertar el corazón profundo responde a la pregunta: «¿En qué consiste la comunicación con Dios y cómo se hace?», y desarrollo las actitudes profundas que han de caracterizar todo encuentro con Dios en la oración personal y litúrgica. En mi libro *Oraciones para encontrar paz* explico cada una de las oraciones básicas del cristiano para que, al rezarlas, haya una mejor conexión con Dios.

Pongo un acento especial en las actitudes, pues creo que es lo más importante para orar bien. La mentalidad racionalista y pragmática occidental nos lleva a querer resolverlo todo con buenos métodos, con mejores técnicas, con más conocimientos y con la formación en habilidades especiales. Sin embargo, creo que es conveniente poner énfasis:

- Antes que en los métodos y las técnicas, en la persona de Cristo.

- Antes que en las ideas y reflexiones, en la relación de amor con Cristo.

- Antes que en el cumplimiento de deberes y compromisos, en la belleza del encuentro de amor con Dios.

- Antes que en el temor al castigo, en la misericordia de Dios.

- Antes que en las habilidades humanas, en las actitudes y en las virtudes teologales.

- Antes que en el propio esfuerzo, en la acción del Espíritu Santo.

- Antes que en las estructuras y formalismo, en la libertad interior.

- Tanto en la oración personal como la comunitaria.

Cuando al Papa Juan Pablo II le preguntaron: ¿cómo rezar?, respondió: **Reza como quieras mientras reces**. Siempre hay que sentirse libres en algo tan íntimo, irrepetible y sagrado como es la propia relación con Dios. **Cada uno tiene que encontrar su modo de orar** y el camino para crecer día a día en la intimidad con Dios.

Antes de seguir leyendo es importante que respondas estas preguntas. Que las respuestas sean tuyas, muy tuyas: ¿Por qué quieres aprender a rezar? ¿Por qué quieres mejorar tu comunicación con Dios? ¿Por qué crees que tu amistad con Dios es algo importante en tu vida? ¿Qué se puede esperar si lo logras? ¿Y si no?

1. Aprender a orar

Tal vez has abierto este libro con la esperanza de aprender métodos y técnicas eficaces para aprender a orar. **A orar se aprende de la misma manera que se aprende a respirar, a ver, a llorar y a caminar**. Si alguien te pidiera que le enseñaras a ver, ¿qué le responderías? A orar se aprende creyendo, a orar se aprende orando, y a orar se aprende compartiendo la oración con otros. Comenzamos a creer cuando aprendemos a rezar. Aprendemos a rezar cuando comenzamos a creer.

La oración no se ubica en el ámbito de las técnicas y de los métodos, sino de las relaciones interpersonales. Por tanto, lo más importante son las actitudes y los comportamientos. **No hay técnicas para el amor**. Si crees que Dios está presente en tu vida, dialoga con Él. Si crees que Dios está siempre allí, mirándote, míralo tú también. Si crees que Dios es tu Creador y Padre, alábalo y confía en que Él no te abandonará jamás, especialmente cuando camines por cañadas oscuras. Si crees que Jesucristo vino al mundo para mostrarte el camino, conócelo, pregúntale, luego síguelo. Si crees que murió y resucitó para salvarte, déjalo amarte y tú también ámalo. Si crees que te dejó su Espíritu para iluminar tu camino, escúchalo. Si crees que Dios habita en tu corazón, búscalo, atiéndelo.

Si crees... ten las actitudes y los comportamientos de un creyente y entonces habrás aprendido a orar. «La oración es fe en acto».[1]

Somos jardineros, no ingenieros. El ingeniero pone procesos que producen resultados. El jardinero pone las condiciones adecuadas que favorecen el crecimiento. Habiendo recibido por el bautismo la semilla de la fe, hemos de poner las condiciones para despertarla y permitir que pueda así desarrollarse nuestra amistad con Dios. **Orar es despertar el corazón profundo, como el viento despierta los rescoldos, como la tierra y el agua despiertan la semilla**.

Desde el día de tu bautismo, Dios tiene puesta su morada en lo más profundo de tu corazón; allí tienes sembrado el proyecto fascinante de tu amistad con Dios. Allí está y quiere revelarse.

> La razón más alta de la dignidad humana consiste en la vocación del hombre a la comunión con Dios. El hombre es invitado al diálogo con Dios desde su nacimiento; pues no existe sino porque, creado por Dios por amor, es conservado siempre por amor; y no vive plenamente según la verdad si no reconoce libremente aquel amor y se entrega a su Creador.[2]

---

[1] Congregación para la doctrina de la fe, *Carta a los obispos de la iglesia católica sobre algunos aspectos de la meditación cristiana*, 15 de octubre de 1989.

[2] *Gaudium et Spes* 19, 1.

Dios, Nuestro Señor, ha dado ya el primer paso, quiere estar contigo y **el Espíritu Santo te está buscando para llevarte a vivir la experiencia de su amor**. A ti te corresponde ser la buena tierra de que habla Jesucristo en la parábola del sembrador y, si la semilla no ha despertado o si, habiendo germinado no ha podido echar raíces y crecer, haz lo que haría un buen jardinero.

A cada uno le toca tomar conciencia, profundizar y desarrollar esta relación de amistad personal con Dios. La oración es nuestra respuesta al amor de Dios, quien me creó para que estuviera con Él. **Mi relación con Dios es una historia de amor aún por vivir**, de un amor personal, real y fiel. No solo nos llamamos hijos, sino que *en verdad* lo somos (*1 Jn* 3,1), pero aún nos queda adoptar las actitudes propias del hijo. Creemos, pero debemos actuar nuestra fe. Creer es tarea que nos corresponde a cada uno y nunca se logra de una vez por todas, dura toda la vida y siempre se abren puertas nuevas.

De aquí la importancia de las preguntas que aparecen al final de la introducción. Si tienes buenas razones para aprender a orar o para mejorar tu comunicación con Dios, estarás dispuesto a poner los medios y a vencer las dificultades. «No le digas a tu Dios que tienes grandes dificultades. Dile a tus dificultades que tienes un gran Dios» y que quieres llevarte bien con Él.

A lo largo de este escrito iremos comentando algunos medios básicos que contribuyen a crear las condiciones necesarias para que la semilla germine y crezca. De momento enuncio algunos: el rechazo a todo hábito de pecado, el trato con Cristo Eucaristía, la escucha de la Palabra de Dios, la determinación y la constancia, tratar de descubrir su presencia en todas partes, confiar en su Divina Misericordia, ayudarte de un director espiritual que te acompañe y te exija al estilo del Buen Pastor. Y dos cosas más: procura estar cerca de grandes orantes para ver cómo lo hacen ellos y forma un grupo de oración donde se acompañen los unos a los otros y compartan su experiencia de la oración. **Algo pasa en nuestro interior cuando vemos y escuchamos orar desde el corazón**.

2. Dios, ¿es tratable?

Nadie me ha impactado tanto con su testimonio de oración como Juan Pablo II. Mientras estudiaba en Roma preparándome para la ordenación sacerdotal, que recibí de él mismo, tuve la gracia de ayudarlo varias veces en la misa como acólito. Recuerdo un momento especialmente fuerte para mí.

Junto a La Piedad de Miguel Ángel, en la Basílica de San Pedro, hay un recinto donde en ocasiones se reviste el Papa con los ornamentos para la celebración de la eucaristía. El lugar es muy pequeño. Allí estábamos dos religiosos en silencio esperando al Papa. Lo único que había en la habitación era una mesa con los ornamentos y un crucifijo. De pronto, entró el Papa Juan Pablo II y cayó desplomado, de rodillas, ante la imagen de Cristo crucificado; puso los brazos sobre la mesa y su frente encima. Allí estuvo cinco minutos en profunda oración, preparándose para iniciar la misa.

Al verlo, dije en mi interior: «**no me cabe la menor duda de que Dios está aquí y este hombre está hablando con él**. El Papa está verdaderamente en la presencia de Dios, cara a cara». Con solo verlo recibí la mejor lección de oración que he tenido en mi vida.

El Papa Benedicto XVI compartía con nosotros en la homilía de la beatificación de Juan Pablo II un testimonio personal: «El ejemplo de su oración siempre me ha impresionado y edificado: él se sumergía en el encuentro con Dios, aun en medio de las múltiples ocupaciones de su ministerio».[1]

Tengo un amigo de nombre Fidel, no ya en el centro del cristianismo, sino en una ranchería perdida en la sierra veracruzana. Tiene once hijos y es una de las familias más pobres y marginadas que conozco. Un día me pidió que pasara por su casa para darme unas plantas. Las cargamos y al preguntarle cuánto le debía me respondió: «Nada, padre, quiero regalárselas». Insistí en que él necesitaba el dinero para mantener a su familia. No aceptó nada. Le pregunté entonces de qué tenía más necesidad, pues yo también quería regalarle algo. Pensé que iba a pedirme lámina para techar su casa o cemento para el piso, pues sus hijos duermen sobre la tierra. Con un tono de voz lleno de mansedumbre me dijo: «Usted sabe que soy ministro de la comunión y que en el pueblo no tenemos el Santísimo Sacramento. Voy a recoger la reserva a la Ciénega, pero como soy muy pobre me la traigo en una bolsita de plástico. La pongo junto a mi pecho y ahí me voy platicando con Él mientras camino por el campo, pero me da ternura llevar así a Nuestro Señor. ¿Podría regalarme una cajita digna para traer a Jesús?»

---

[1] Benedicto XVI, *Homilía en la beatificación de Juan Pablo II,* domingo 1 de mayo de 2011.

Esta forma de tratar con Jesús me evoca las palabras del Señor en la última cena: «Ya no os llamo siervos sino amigos» (cfr. *Jn* 15,15). Nos recuerda también a Moisés que hablaba con Dios como a un amigo (cfr. *Ex* 33,11). Karol Wojtyla y Fidel creen en el Misterio, lo celebran, lo viven en una relación dinámica y personal con Dios vivo y verdadero. Su fe en Cristo se ha traducido en un trato familiar con Jesús. «Esta relación es la oración» (*CCE* 2558).

Cuando veo a alguien tratar familiarmente con Dios, a mí se me antoja. Veo lo mismo en tantas personas de quienes he escuchado frases como estas: «Vi a un hombre en adoración eucarística, me impresionó cómo se miraban él y Cristo Eucaristía; yo quiero tratar a Dios así»; «participé en un Rosario con un grupo de amigos, al ver a ese hombre de rodillas ante la imagen de Nuestra Señora y al escuchar la profunda piedad con que saboreaba cada avemaría, entendí que tenía a la Virgen delante, de verdad estaba hablando con ella; yo quisiera rezar con esa fe»; «fui a la Villa de Guadalupe y vi a una mujer enferma con un crucifijo en las manos; miraba con confianza a la Santísima Virgen, cerraba los ojos, apretaba el crucifijo y allí se quedaba largo rato sumida en oración; su actitud me hizo reaccionar: quiero aprender a vivir mi sufrimiento con esa misma confianza y abandono».

Para Dios todos somos importantes, nos ama a todos por igual porque somos sus hijos y busca establecer una relación amistosa con cada uno de nosotros. Así se desarrolla la oración: a partir de la conciencia de ser hijos y criaturas de Dios. Posiblemente nos sintamos indignos, limitados, frágiles y miserables. De hecho, somos todo eso, pero al mismo tiempo **poseemos la dignidad de hijos de Dios**. Como dice San Francisco: «Lo que el hombre es delante de Dios eso es y nada más» y habría que añadir, «y nada menos». Él quiere que en verdad nos comportemos como sus hijos, llamados a tratar con Él como se trata a un Padre y a un Amigo. Rezar es tratar con Dios y hacerlo en un clima de amistad sincera.

Clemente de Alejandría evidenciaba este aspecto de la amistad entre Dios y el hombre en una de las primeras definiciones de la oración cristiana con que contamos:

«**El hombre espiritual habla con Dios como con un amigo, de corazón a corazón**».

Efectivamente, «Dios invisible habla a los hombres como amigos, movido por su gran amor, y mora con ellos para invitarlos a la comunicación consigo y recibirlos en su compañía» (*Dei Verbum* 2). Apasionado de amor por el hombre, quiso estar tan cerca que tomó morada en cada uno de sus hijos (cfr. *Jn* 14,23). **Dios está presente en nosotros**. La condescendencia que Dios ha tenido con nosotros nos parece una locura.

Dios, ¿es tratable? Sí, Dios es tratable y quiere tratar conmigo, por eso y para eso me ha creado y cada día me está esperando.

3. Y YO, ¿SOY CAPAZ DE ENTRAR EN RELACIÓN CON DIOS?

Muchos se plantean la pregunta sobre su capacidad personal para comunicarse con Dios. Les da la impresión de ser algo muy difícil. Tal vez lo han intentado y sienten que de plano no pueden. No se ven contemplativos.

Así como el agua moja, el fuego quema y el ave vuela, así también el ser humano ama. Dios es Amor y como imágenes de Dios somos capaces de amar. Somos capaces de relacionarnos con Dios con el lenguaje del amor. Dios nos ha creado para establecer con nosotros una Alianza de amor. Dios nos hizo para Él, para compartir su Amor con nosotros, para que pudiéramos tratarnos de tú a Tú.

La capacidad de tratar con Dios es la capacidad superior del ser humano. No podemos dejar esta capacidad dormida. Siendo capaces de volar alto como las águilas, no podemos quedarnos al nivel de los reptiles, tragando polvo.

Tal vez hayas visto la película *August Rush* donde vemos la relación de un niño, Evan, con la música. No sabe tocar, no hay quién le enseñe; la música la lleva dentro, le atraen los sonidos, les encuentra un sentido aún a los más caóticos. La música corre por sus venas. Su historia es una sinfonía. Para Evan, la música, más que una técnica o un arte que aprendió a base de mucha práctica, es un instinto, un reclamo interior, algo que supera lo racional, una vocación. Tocar o escuchar música no es una actividad para él, la música es su vida, su lenguaje. Como Evan es músico, nosotros **somos hijos de Dios y por tanto orantes**.

Siempre que misionaba la comunidad de La Mata, en el Pico de Orizaba, divisaba a lo lejos una casita de madera en medio de un paisaje extraordinariamente bello; se veían tres o cuatro personas, la columna de humo saliendo por la chimenea y un rebaño de ovejas. Solo se puede llegar andando. Decidí acudir allá y encontré a Don Pablo, un pobre pastor que no sabe leer ni escribir. Tuve con él una conversación de lo más agradable. Me compartió más o menos estas ideas: «Desde joven busqué la tranquilidad, mi corazón así me lo pedía; disfrutaba la soledad. He sido pastor toda mi vida, soy pobre, pero me encuentro bien, siento que Dios está siempre a mi lado y me gusta estar con Él. Ahora que soy viejo estoy en paz. Las praderas, las montañas y las cascadas son bonitas, pero **lo que más disfruto es lo que llevo dentro**. Allá en el fondo soy muy feliz. Pida a Dios que tenga misericordia de este pobre pecador, que se apiade de mí y que me permita alcanzar el cielo».

Don Pablo es feliz aun cuando carece de muchas cosas materiales aparentemente indispensables, pasa frío y seguramente tendrá problemas personales y familiares como toda persona normal, problemas que a algunos llevan a la desesperación e incluso al suicidio. ¿A qué se debe? Él no ha buscado la felicidad en las cosas exteriores, sino en la vida interior, alimentada en la intimidad, en el silencio y la soledad con Dios.

«Lo que más disfruto es lo que llevo dentro…» Esto no siempre nos pasa a todos. A veces nos da miedo quedarnos solos y verbalizar lo que llevamos dentro. Ni siquiera nos es fácil ponerle nombre. La mirada misericordiosa de Dios nos permite aprender a mirarnos a nosotros mismos, a ser honestos con nosotros mismos y con Dios, y ser valientes para abrirnos a su acción y a su gracia.

La vida de oración toca nuestra identidad. Don Pablo nos enseña que **la felicidad y la oración no hay que buscarlas fuera de nosotros. La oración está en lo más profundo de nuestro corazón**, en la médula de nuestra existencia y en nuestra misma condición de bautizados. **Orar es cuestión de identidad**. Y si la oración es cuestión de identidad, debe permear toda la existencia. Si partimos una naranja y asignamos cada uno de los gajos a nuestras rutinas diarias, encontraremos el gajo de la familia, el gajo del trabajo o del estudio, el gajo del transporte… tal vez la mitad de un gajo lo tengamos reservado para el trato personal con Dios, Nuestro Señor; tiempo de calidad para Él:

algo indispensable. Pero la vida de oración es, sobre todo, el jugo de la naranja que da contenido y belleza a todos y cada uno de los gajos. Si somos hijos de Dios, lo somos siempre, hagamos lo que hagamos, y siempre hemos de comportarnos como tales. Es una pena que tantas veces nos empeñemos en comportarnos como huérfanos.

Por tanto, **no solo hacemos oración, sino somos adoradores**, para eso fuimos hechos por nuestro Creador: para amarle y adorarle siempre.

4. Memoria de Dios

Con frecuencia vivimos acelerados, distraídos, ocupados en cantidad de actividades y, al final del año, nos sentimos insatisfechos. **Las prisas, ¡de cuánto nos perdemos por las prisas!**, especialmente en la oración. Cuando nos distraemos en cosas banales, cuando vivimos arrastrados por urgencias insustanciales, o peor, cuando nos salimos del camino, nuestro corazón se seca y se siente vacío. Sentimos sed, mucha sed. Entonces nuestro corazón vuelve a buscar su origen y su destino: solo allí encuentra descanso, paz profunda y verdadera.

Cuando Dios nos dio la existencia, sembró algo en nuestro interior que sigue vibrando como un eco y nos trae la memoria de Dios. Hay que tomar conciencia de esta energía vital que llevamos dentro: allí está la fuente de la oración. Los animales no tienen conciencia de sus instintos. Los hombres podemos hacerlo.

> La oración procede de un instinto que se da en nosotros; no se trata de fabricarlo, se trata de seguirlo. Es preciso aprender a dejar hablar en uno mismo la vida trinitaria, como un niño aprende a llamar papá al que le ha dado la vida.[1]

---

[1] Jean Lafrance, *La oración del corazón*, Madrid, Editorial Espiritualidad, 2006, p. 14.

Para realizarnos como hombres de verdad **hay que escuchar la voz que llevamos dentro y que permanece siempre viva**, como un eco profundo que repite: «Te amo. Ven a mí». Es la voz del Señor; a nosotros nos toca seguir su música y tocar en armonía. Todos los hijos de Dios tenemos buen oído para escucharle y buena voz para alabarle.

Un instinto es un impulso de la naturaleza. Nos sentimos realizados cuando las cosas son conforme a nuestra identidad, de acuerdo con nuestras convicciones y aspiraciones más profundas. Somos buscadores por naturaleza. **Buscar a Dios y disfrutar de su presencia es algo connatural al ser humano**. Para eso fuimos hechos. Por naturaleza buscamos la felicidad, buscamos la paz, buscamos a Dios. Allá en lo más profundo de nuestro ser llevamos una aguja que apunta siempre hacia el Norte, como la brújula.

«El deseo de Dios está inscrito en el corazón del hombre, porque el hombre ha sido creado por Dios y para Dios; y Dios no cesa de atraer al hombre hacia sí, y solo en Dios encontrará el hombre la verdad y la dicha que no cesa de buscar».[2]

Este deseo, esta búsqueda, es oración.

Nuestro corazón es grande, está abierto a un horizonte infinito. Se siente atraído como un imán por el

---

[2] *CCE*, 27.

Amor. Lo percibimos. Lo hemos sentido tantas veces, sobre todo cuando estamos solos y cuando tocamos con crudeza nuestra miseria e insuficiencia.

> Cada uno de nosotros, cuando se queda en silencio, no solo necesita sentir los latidos de su corazón, sino también, más en profundidad, **el pulso de una presencia fiable, perceptible con los sentidos de la fe**, y sin embargo, mucho más real: la presencia de Cristo, corazón del mundo.[3]

Si hemos vivido superficialmente y somos humildes, reconoceremos que solos no podemos, que sin esta presencia sentimos un vacío insoportable. Entonces hemos de tener el valor de desandar el camino interior a la casa del Padre; allí encontraremos siempre, siempre, siempre, unos brazos abiertos y un Padre Misericordioso que busca siempre el amor de su hijo y cuando regresa a casa le hace fiesta.

> Orando, uno se deja amar por Dios y nace al amor, siempre de nuevo. Por eso, quien ora vive, verdaderamente, en el tiempo y para la eternidad.[4]

Agradezco al líder espiritual de mi grupo de amigos en la adolescencia, el P. James McIlhargey,

---

[3] BENEDICTO XVI, 1 de junio de 2008.
[4] CONFERENCIA EPISCOPAL ITALIANA, *Carta a los buscadores de Dios.*

33

L.C., q.e.p.d., el habernos enseñado a buscar desde entonces esa «presencia fiable» y así alimentar el gusto por la eternidad. Cuando nos íbamos de vacaciones a la playa nos recomendaba salir por la noche a escuchar las olas del mar y ver las estrellas. Nos llevaba todos lo sábados a visitar los ancianos en un asilo: nos abrían su corazón, nos hablaban de su soledad y de cómo veían que la muerte se acercaba; y de hecho tantas veces, cuando regresábamos la semana siguiente, alguno se había ido ya para siempre. Un día me recomendó que varias tardes por semana subiera al tejado de mi casa, donde se veían las montañas, para hablar con Dios con el evangelio en mano. Y cuando habíamos cometido algún error o pasábamos por dificultades, de inmediato lo percibía, nos invitaba a conversar y nos hacía descubrir en Cristo al mejor amigo, el que no te puede fallar, el amigo fiel en el tiempo y para la eternidad. Qué importante es que los adolescentes tengan quién les presente y les dé a conocer a este gran Amigo.

Con frecuencia encuentro personas, sobre todo señores, que no se animan a entrar en el mundo del espíritu. No lo entienden y a veces no le encuentran utilidad. Cuando, invitados por sus esposas y por algún amigo cercano deciden participar en un curso de oración, lo único que deseo es que al final digan «he probado y quiero más». Y, en efecto, cuando se acercan con humildad a dar una probadita y entrar en contacto con el misterio por el camino de la belleza, se despierta el deseo de eternidad. Uno formuló su experiencia con estas palabras: «Algo mágico ha sucedido en este lugar, me gustaría seguir profundizando, no me suelte».

5. Dios amor mendiga acogida

Tal vez has experimentado resistencia para acercarte a Dios: «eso no es para mí, no quiero ser como esas personas», «si comienzo quién sabe dónde vaya a terminar», «me da miedo qué me vaya a pedir Dios…»

Si eso es lo que sientes y piensas, recuerda las palabras del Papa Benedicto:

> Quien deja entrar a Cristo no pierde nada, nada –absolutamente nada– de lo que hace la vida libre, bella y grande. ¡No! Solo con esta amistad se abren las puertas de la vida. Solo con esta amistad se abren realmente las grandes potencialidades de la condición humana. Así, hoy, yo quisiera, con gran fuerza y gran convicción, a partir de la experiencia de una larga vida personal, decir a todos vosotros, queridos jóvenes: **¡No tengáis miedo de Cristo! Él no quita nada, y lo da todo**.[1]

Esa fue la experiencia de la mujer samaritana que encontró a Jesús junto al pozo de Jacob (cfr. *Jn* 4,1ss). Podemos imaginar que cuando Jesús la vio venir con sus cántaros vacíos y toda aquella historia de pecado a sus espaldas **leyó en su corazón su sed de paz interior** y se dijo: este corazón

---

[1] Benedicto XVI, *Homilía en la santa misa de inicio de su pontificado*, Solemne inauguración de su pontificado, 25 de abril de 2005.

le pertenece a mi Padre y «el celo de su casa me consume» (*Sal* 69,9).

La mujer había hecho múltiples intentos de saciar su sed en tantos pozos, y nada… Algún fuego habrá prendido en su corazón al escuchar estas palabras de Jesús: «Si bebes del agua que yo te daré, no tendrás más sed». En la Fuente de Jesús el agua se desborda, es la sobreabundancia de la misericordia de Dios: «el amor de Dios ha sido derramado en nuestros corazones por medio del Espíritu Santo que nos fue dado» (*Rom* 5, 5).

Jesús continuamente nos hace blanco de su amor eterno, como la madre que jamás se cansa de dar amor a sus hijos, aunque no sea correspondida. El Corazón de Jesús aguarda en vilo, en espera de ser recibido: **se ofrece, no se impone; mendiga atención y acogida**. El corazón humano es como una copa, está hecho por Dios con capacidad de acogida para libremente abrazar el amor de Dios y vivir en comunión con Él. Aquella mujer fue alcanzada en un encuentro sincero y humilde con su Redentor, bebió de la Fuente, dejó que el Médico la sanara.

Así es Jesús: le gusta salir al encuentro de las personas y dialogar con ellas. Como se detuvo con la mujer samaritana, así lo hizo con el joven rico, con Zaqueo, con Nicodemo, con el ciego de nacimiento, con la hemorroísa, con los dos de Emaús, con Pablo de Tarso y tantos otros a lo largo de la historia. Jesús no es de difícil acceso. No se hace rogar, sino más bien mendiga nuestra atención: «Si alguno oye mi voz y me abre, cenaremos juntos» (*Apoc* 3,20) y si le damos la oportunidad, un poco de tiempo, y nos mostramos disponibles a escucharle, Él nos conduce a la soledad y nos habla al corazón (cfr. *Os* 2,16). Allí, en el corazón profundo, se nos revela: «Si alguno me ama, yo le amaré, y me manifestaré a él» (*Jn* 14,21).

Dios puso su morada entre los hombres (cfr. *Ez* 37,27) «por el gran amor con que nos ha amado» (*Ef* 2,4). La encarnación del Verbo, del Hijo eterno de Dios, es la entrada de la presencia de Dios en el mundo y en la historia. El mundo de la carne busca a su Creador. El mundo de la gracia busca al hombre. **El Verbo encarnado es el lugar de encuentro de las dos búsquedas: el hombre que tiene nostalgia de Dios y Dios que tiene sed del amor del hombre**.[2] La divinidad habita corporalmente en Jesús de Nazaret y así encuentra descanso la doble búsqueda. En el corazón de Jesús encontramos la grandeza del amor de Dios y al mismo tiempo los latidos de un corazón humano como el mío, que siente, que sufre, que quiere darse, que necesita compañía y se alegra.

«Se anonadó a sí mismo, tomando la forma de siervo y haciéndose semejante a un hombre» (*Flp* 2,7). Nuestra fe se pone a prueba: «esto no puede ser», el Trascendente no puede ser tan

---

[2]   Cfr. Jean Corbon, *Liturgia fontal*, Madrid, Palabra, 2009, p. 47.

cercano, no puede ser que se vuelva tangible, de carne y hueso, un bebé indefenso; es demasiado que Dios llegue al extremo de hacerse siervo. Tenemos aquí la prueba más convincente del gran amor con que Dios nos ama, de su incomprensible predilección por el hombre. **Dios prueba su amor, el hombre debe probar su fe**.

El Verbo se hizo carne, pero hoy ¿se le reconoce? ¿es acogido? «Vino a los suyos, pero los suyos no le recibieron» (*Jn* 1,11). ¿Habrá posada para el Verbo encarnado en nuestros días?

> Esta "unión íntima y vital con Dios" (*GS* 19,1) puede ser olvidada, desconocida e incluso rechazada explícitamente por el hombre. Tales actitudes pueden tener orígenes muy diversos (cfr. *GS* 19-21): la rebelión contra el mal en el mundo, la ignorancia o la indiferencia religiosa, los afanes del mundo y de las riquezas (cfr. *Mt* 13, 22), el mal ejemplo de los creyentes, las corrientes del pensamiento hostiles a la religión, y finalmente, esa actitud del hombre pecador que, por miedo, se oculta de Dios (cfr. *Gn* 3, 8-10) y huye ante su llamada (cfr. *Jon* 1, 3).[3]

La aceptación de Dios se juega en la libertad de cada uno. La Redención la ha realizado Cristo con su encarnación, muerte y resurrección, pero aún debe verificarse en cada uno y eso depende de una opción personal. Dios nunca se impone al

---

[3] *CCE*, 29.

hombre, siempre pregunta. **Dios es mendigo de la acogida por parte del hombre**; se toma muy en serio su libertad. La respeta hasta el grado de verse humillado. Con infinita paciencia, Dios sigue tocando a la puerta de nuestras vidas.

El Redentor es acogido cuando cada uno vive una «vida cristiana», una vida en Cristo fundada en la verdad en el amor (cfr. *Ef* 4,15), no una doble vida, donde aún se reserva algo para sí, sin tomar completamente en serio la búsqueda de la santidad. «Cuando venga Él, el Espíritu de la Verdad, os guiará hacia la verdad completa» (*Jn* 16,13). La radicalidad de la irrupción de Dios en la historia por la encarnación del Verbo es la que Jesucristo pide hoy de cada uno de sus hijos por la aceptación libre e incondicional del Espíritu Santo, de la ley del amor, en la propia vida.

La plenitud de los tiempos ya ha llegado con la venida de Cristo, pero no se ha cumplido del todo: se realiza o no en cada persona que libremente lo acepta o lo rechaza. Lo acepta cuando permite que el amor de Dios le impregne y habite su templo interior por la vida de gracia. Lo acoge cuando su persona se cubre con la sombra luminosa del Espíritu Santo (cfr. *Lc* 1, 35) obrando divinamente su transformación en Cristo en una sinergia de donaciones, memoria viva de la historia de la Madre de Dios.

Así se resume la historia de todo orante en su relación con Dios: Don-acogida-correspondencia. El don del amor de Dios que se nos da, la acogida del corazón humano que se abre, lo abraza y corresponde al amor. **Esta es la dinámica esencial de toda buena oración: recibir al Amor y amarle, ser amado y amar.**

Más cercano está de quien más se acerque a contemplarle. Estar allí contemplándolo con mucho amor es acercarse; eso es lo que obra el amor: una creciente cercanía. Cuando nos abrimos, brilla la Luz. Cuando nos cerramos con soberbia autosuficiente, reinan las tinieblas. Cuando abrimos las puertas a Cristo y dejamos que su Espíritu de Amor habite nuestra casa, reinan la armonía y la paz; es el reino de la Divina Misericordia.

Como nos dice el Papa Francisco en la Bula de convocatoria al Jubileo de la misericordia:

> Siempre tenemos necesidad de contemplar el misterio de la misericordia. Es fuente de alegría, de serenidad y de paz. Es condición para nuestra salvación. Misericordia: es la palabra que revela el misterio de la Santísima Trinidad. Misericordia: es el acto último y supremo con el cual Dios viene a nuestro encuentro. Misericordia: es la ley fundamental que habita en el corazón de cada persona cuando mira con ojos sinceros al hermano que encuentra en el camino de la vida. Misericordia: es la vía que une Dios y el hombre, porque abre el corazón a la esperanza de ser amados para siempre no obstante el límite de nuestro pecado (*MV*, 2).[4]

---

[4] 11 de abril de 2015.

A la oración hay que ir abiertos, deseosos de encontrar a la Divina Misericordia, suplicándole con fuerza: «Entra a tu jardín, Señor» (cfr. *Cant* 4,16), quiero estar contigo y escucharte: «Habla, Señor, que tu siervo escucha» (*1 Sam* 3, 9), «Muéstrame tu rostro» (*Cant* 2,14b).

6. ESTAMOS LLENOS DE DIOS

Es muy diferente un pozo seco a un manantial. El manantial tiene vida. El pozo seco o con agua estancada es muerte. Cuando nos referimos a la relación del hombre con Dios puesta en acto, hablamos de vida, vida espiritual. ¿Cuál es la fuente de la vida espiritual? ¿De dónde viene esta vida? ¿Quién da vida? ¿Quién me da mi vida, mis amores, mis anhelos del corazón?

La fuente de la vida espiritual es la *vida de Dios*, nuestra participación en la vida de la Santísima Trinidad por la gracia a través de los sacramentos y la oración. «De aquel que cree en mí, brotarán ríos de agua viva» (cfr. *Jn* 7, 37-38). Eso es lo que se mueve allá adentro de nosotros, esa es la sangre que corre por nuestras venas desde el día de nuestro bautismo. Desde entonces **el manantial que ocupa el centro de nuestro ser es la Trinidad**. Por eso Jesús invitó a la mujer samaritana a buscar en su interior, en su propia experiencia, a reconocer la sed profunda que hasta entonces no había hallado dónde ser saciada: «todo el que beba de esta agua volverá a tener sed, pero el que beba del agua que yo le dé, no tendrá sed jamás, sino que el agua que yo le dé se convertirá en él en fuente de agua que brota para vida eterna» (*Jn* 4,13-14) «¡si conocieras el don de Dios!» (*Jn* 4,10).

Al recibir en el bautismo el don de la gracia santificante, que nos hizo hijos de Dios, recibimos de parte de Él una llamada al amor. Desde entonces nuestra vida cristiana consiste en responder al don recibido de Dios: «Si alguien me ama, guardará mi palabra y mi Padre le amará y vendremos a él y haremos morada en él» (*Jn* 14, 23). Dios que puso amor, espera una respuesta de amor. El día de nuestro bautismo, el sacerdote tocó nuestros labios y nuestros oídos y dijo «Effetá, ábrete» (cfr. *Mc* 7, 34). Oídos, ábranse, a partir de ahora pueden escuchar la voz de Dios. Boca, ábrete, a partir de ahora puedes hablar con Dios. A cada uno corresponde poner en acto el don recibido.

Hemos dicho que esta vocación al amor se encuentra en nosotros como en germen. Es una pequeña semilla que crecerá y se desarrollará, no como las plantas del mundo vegetal —determinadas por el impulso ciego de la naturaleza—, sino por la fuerza de la gracia de Dios correspondida por una libertad que ama. **La intimidad con Dios es una semilla que debe crecer, una voz que hay que seguir, la del Espíritu**. No es difícil seguirla, como no es difícil caminar, porque fuimos hechos para ello. Pero, por más natural que sea, hay que ponerse de pie y caminar, hay que querer orar.

Desde nuestro bautismo estamos habitados por Dios, aquí lo tenemos, dentro; o mejor, Él nos tiene. **Su presencia en nuestra alma es como una brasa ardiente que no se apaga, aun cuando nos olvidamos de ella**: es luz, calor, vida. Pero no quema sin que nosotros se lo permitamos. **Hay que despertar la llama**. Su presencia nos acompaña a todas partes y nosotros hemos de hacer lo mismo: vivir así es una especie de cielo anticipado. Hagamos lo que hagamos, estemos donde estemos, en toda circunstancia: Él con nosotros y nosotros con Él. Así de simple. Es algo sumamente bello.

Así como los campos se ponen verdes después de un día de lluvia y de sol, **nuestros corazones se abren a la vida y experimentan plenitud al ser tocados por los rayos del Amor**. Los rayos son el amor de Dios. El sol es calor, calienta siempre. Dios pone amor y lo pone siempre.

> La respuesta de la fe nace cuando el hombre descubre, por gracia de Dios, que creer significa encontrar la verdadera vida, la "vida en plenitud". Uno de los grandes padres de la Iglesia, san Hilario de Poitiers, escribió que se convirtió en creyente cuando comprendió, al escuchar en el Evangelio, que para alcanzar una vida verdaderamente feliz eran insuficientes tanto las posesiones como el tranquilo disfrute de los bienes, y que había algo más importante y precioso: el conocimiento de la verdad y la plenitud del amor entregados por Cristo (cfr. *De Trinitate* 1, 2).[1]

---

[1] BENEDICTO XVI, 13 de junio de 2011.

Fuimos hechos para Dios, estamos llenos de Dios.
Dios es la Vida y es el Creador de la vida, su vida
corre por nuestras venas, estamos como impreg-
nados de Él. Al margen de Él la vida es muerte. Por eso Jesucristo insistió: «Permaneced en
mi amor». Diez veces repitió en la última cena el
mensaje de permanencia en Él (cfr. de modo particular *Jn* 15, 1-19). Aquella noche anterior a su
Pasión, Jesús de una y otra manera quiso darnos
a entender esto: lo único que puede salvarte es
que tengas una íntima unión conmigo, que haya
entre tú y yo una amistad muy cercana, que vivas
de mí. Yo soy la vid de Dios, tú tienes que ser las
ramas unidas a mí. Si no, morirás.

Y mientras nos pedía permanecer a su lado,
cargó de afecto sus palabras invitándonos a la
unión con Él para ser profundamente felices. En
ese pasaje, encontramos más de veinte expresiones de esta intimidad. El texto recuerda al Cantar de los cantares. Permaneced... a mi lado...
«Como el Padre me amó, yo también os he amado
a vosotros. Os he dicho esto, para que mi gozo
esté en vosotros, y vuestro gozo sea colmado.
Nadie tiene mayor amor que el que da su vida por
sus amigos. Vosotros sois mis amigos... todo lo
que he oído a mi Padre os lo he dado a conocer.
Yo os he elegido...» (cfr. *Jn* 13-15).

Dios nos invita a participar de su vida íntima,
de esa vida que consiste en el amor entre el Padre, el Hijo y el Espíritu Santo. Este es un misterio

grandioso, algo sobrehumano, sobrenatural, y en el cual estamos sumergidos. Es verdad que la dispersión mental y la cultura del ruido en que vivimos no favorece el recogimiento, pero este es el tesoro por el cual vale la pena vender todo: «El Reino de los Cielos es semejante a un tesoro escondido en un campo que, al encontrarlo un hombre, vuelve a esconderlo y, por la alegría que le da, va, vende todo lo que tiene y compra el campo aquel» (*Mt* 13, 44). Con determinación,[2] disciplina personal y constancia de nuestra parte, el Espíritu Santo nos enseñará a descubrir y saber entrar en ese espacio interior del que Jesús nos habla: «cuando vayas a orar, entra en tu aposento y, después de cerrar la puerta, ora a tu Padre que está allí, en lo secreto; y tu Padre, que ve en lo secreto, te recompensará» (*Mt* 6, 6). También debemos ayudarnos de aquellos elementos exteriores que favorezcan el recogimiento, como puede ser un rincón para la oración que cada uno aparte en casa.

Te comparto algo que hago casi todas las mañanas porque me ayuda mucho en mi oración:

Entro a mi habitación, cierro la puerta y las persianas, apago las luces, enciendo un cirio, lo pongo frente al crucifijo, me arrodillo o me siento,

---

[2] Cfr. SANTA TERESA DE JESÚS, *Camino de perfección, 21, 2*: "Digo que importa mucho, y el todo, una grande y muy determinada determinación de no parar hasta llegar al final, venga lo que viniere, suceda lo que sucediere, trabajase lo que se trabajare, murmure quien murmurare..."

y en un ambiente de completo silencio, me relajo, busco la calma, callo todo aquello que no me lleva al encuentro conmigo mismo y con Dios. Debe reinar el silencio para escuchar a Dios, silencio en la mente y, sobre todo, silencio en el corazón, pues **el silencio es la frecuencia para el encuentro con Dios**. Veo con toda calma la llama del cirio: humilde, serena, ardiente, luminosa. Cierro los ojos y con la mirada interior, la de la fe, traigo a la memoria la llama que el Espíritu Santo encendió en mi corazón el día de mi Bautismo. Esa llama que arde en lo más profundo de mi ser es la presencia de Dios vivo.

Ya en la presencia de Dios, permaneces en sus brazos: «callado y tranquilo, como un niño recién amamantado en brazos de su madre» (*Sal* 131, 2). Y entonces te quedas envuelto en la presencia de Aquel en quien «vivimos, nos movemos y existimos» (*He* 17, 28). Te invito a hacer la prueba.

7. La experiencia de Cristo

¿Te ha pasado que rezas y no piensas en Cristo? Es decir, te quedas en cumplir con tus oraciones, pero no estás con Jesús. O te preocupas de hacerlo bien y no de escucharlo a Él. ¿Has sentido que la oración no te llena? ¿Te has preguntado por qué será?

La oración no está en los libros, no está en las ideas, no está en las técnicas de concentración mental; está en el encuentro personal con Cristo. «Un método no es más que una guía; lo importante es avanzar con el Espíritu Santo por el único camino de la oración: Cristo Jesús».[1] Aquí reside la grandeza y la belleza de la oración cristiana: **la oración es relación personal de amistad con Cristo**.

La experiencia de Cristo en la oración va más allá del conocimiento intelectual, es un **conocimiento de primera mano de orden sobrenatural**.

> «Conocer experimentalmente es captar la palpitante emoción del objeto». «Si la seducción del amor de Cristo no produce en nosotros nada nuevo y extraordinario, signo es de que no le conocemos más que de oídas». «La profundidad de la herida testimonia el rigor de la flecha. El murmullo del oleaje de amor denuncia a quien lo agita».[2]

---

[1] *CCE, 2707.*
[2] Nicolás Cabasilas, *La vida en Cristo*, Madrid, Rialp, 1999, pp. 83-85.

«La fe cristiana no dice "Yo creo algo", sino "Creo en Alguien", creo en el Dios que se ha revelado en Jesús».[3] Creo en Aquel que me amó y se entregó a la muerte de cruz por mí. Creo en que Jesús, el Hijo de Dios, resucitó, está vivo, puedo comunicarme con Él. Creo que Él habita en mí y actúo mi fe recogiéndome a dialogar con Él. La fe sincera y profunda me conduce naturalmente a la alabanza, a la gratitud, al amor, al gozo del encuentro.

Cuando Dios nos concede la gracia de hacer la experiencia de su amor, es su presencia personal la que nos interpela. En palabras del Card. Ratzinger: «somos alcanzados por el dardo de la Belleza».[4] Esto nos concede un conocimiento más real y profundo de Él. Experimentamos confianza, seguridad, plenitud y misericordia, que no son simples sentimientos, sino certezas profundas de fe, experiencias del amor de una Persona; don de Dios que sale a buscarnos y se desborda con aquellos que se detienen y se sientan a escucharle. Pero andamos siempre de prisa.

> El conocimiento es quien engendra el amor. El uno engendra al otro, ni puede prender el amor a una cosa bella sin conocer previamente su belleza. Y como este conocimiento puede ser perfecto e imperfecto, al amor le sucede otro tanto. Así, cuando la verdad y la belleza son conocidas en perfección,

---

[3] Benedicto XVI, 6 de mayo de 2011.
[4] Joseph Ratzinger, agosto 2002.

plenamente se las ama tanto como merecen. Pero lo que a medias se conoce débilmente se ama.[5]

¿Cuál fue la experiencia de los primeros discípulos de Cristo? La experiencia personal del amor de Cristo llenó sus vidas de sentido.

En la convivencia cotidiana con Jesús y en la confrontación con los seguidores de otros maestros, los discípulos pronto descubren dos cosas del todo originales en la relación con Jesús. Por una parte, no fueron ellos los que escogieron a su maestro, fue Cristo quien los eligió. De otra parte, ellos **no fueron convocados para algo** (purificarse, aprender la Ley...), **sino para Alguien**, elegidos para vincularse íntimamente a su Persona (cfr. *Mc* 1,17; 2,14). Jesús los eligió para "que estuvieran con Él y enviarlos a predicar" (*Mc* 3, 14), para que lo siguieran con la finalidad de "ser de Él" y formar parte "de los suyos" y participar de su misión. [6]

Lo que más agradezco de la espiritualidad del *Regnum Christi* y de la Legión de Cristo —camino que Dios me ofreció para seguirle— es que ha encendido en mi corazón el amor por Cristo. Me han dado a conocer un Cristo amigo, cercano, apasionante, con quien yo puedo vivir y comprometerme de por vida.

---

[5] Nicolás Cabasilas, *op. cit.*
[6] CELAM, *Documento de Aparecida*, 131.

La admiración por la persona de Jesús, su llamada y su mirada de amor suscitan una respuesta consciente y libre desde lo más íntimo del corazón del discípulo, una adhesión de toda su persona al saber que Cristo lo llama por su nombre (cfr. *Jn* 10, 3). Es un "sí" que compromete radicalmente la libertad del discípulo a entregarse a Jesucristo, Camino, Verdad y Vida (cfr. *Jn* 14, 6). Es **una respuesta de amor a quien lo amó primero** "hasta el extremo" (cfr. *Jn* 13,1). En este amor de Jesús madura la respuesta del discípulo: "Te seguiré a donde quiera que vayas" (*Lc* 9, 57).[7]

También Pablo, que se encontró con Jesús después de su Ascensión al cielo, alcanzó una certeza de fe y amor que le quemaba el corazón: «Sé en quien he creído y estoy seguro» (*Tim* 1,12). Su experiencia de Cristo dividía su existencia en un antes y un después. Era honda y ardiente, como una espada de fuego que atravesaba el alma y la vida, hasta hacer a Pablo exclamar: «Todo lo tengo por basura con tal de ganar a Cristo» (*Fil* 3, 8).

Así pues, «no se comienza a ser cristiano por una decisión ética o una gran idea, sino por el encuentro con un acontecimiento, con una Persona, que da un nuevo horizonte a la vida y, con ello, una orientación decisiva».[8]

---

[7] *Ibídem,* 136.
[8] BENEDICTO XVI, *Deus Caritas est,* 1.

Todos los que pescaron, comieron y vivieron con Jesús en su vida terrena, los que vinieron más tarde como Pablo y hoy nosotros, estamos llamados a hacer amistad con Jesús. El amor de Cristo quiere establecer su reinado en nuestros corazones. El documento de Aparecida nos lo explica así:

Conocer a Jesucristo por la fe es nuestro gozo; seguirlo es una gracia, y transmitir este tesoro a los demás es un encargo que el Señor, al llamarnos y elegirnos, nos ha confiado.[9]

Más adelante, añade:

Jesús invita a encontrarnos con Él y a que nos vinculemos estrechamente a Él porque es la fuente de la vida (cfr. *Jn* 15, 5-15) y solo Él tiene palabras de vida eterna (cfr. *Jn* 6, 68).[10]

Y Juan Pablo II en su encíclica dedicada a la misión escribe: «Nota esencial de la espiritualidad misionera es la comunión íntima con Cristo».[11]

Todos los días, de una u otra forma, Dios sale a nuestro encuentro, aunque no siempre lo reconozcamos ni lo veamos a nuestro lado; pero

---

[9] *Ibídem*, 18.
[10] *Ibídem*, 131.
[11] JUAN PABLO II, *Redemptoris Missio*, 88.

allí está. Si nos quedamos con Él y vivimos la experiencia de su amor, siempre saldremos de allí reconfortados y con un corazón lleno de provisiones, como Elías a quien Dios le mandó su ángel y le dijo: «Levántate y come porque el camino es demasiado largo para ti» (*1 Re* 19, 7). Y con la fuerza de la gracia de Dios, podremos reemprender el camino con ganas de volver a encontrarlo.

8. La fuerza del Espíritu

A veces nos sentimos incapaces de orar bien. Hemos probado tantas veces... No resulta y nos desalentamos.

La experiencia del amor de Cristo es un regalo y hay que pedírselo al Espíritu Santo. Para aprender a rezar y para crecer en intimidad con Jesús, el factor sobrenatural es el más importante. Sin Él, nada podemos hacer en el orden de la gracia. Debemos pedir al Espíritu Santo con insistencia que nos conceda vivir la experiencia de Su amor, de ser una sola cosa con Él, que nos dé el ardor para buscarlo, las actitudes para acogerlo y la generosidad para seguirlo, como la esposa del Cantar que dice: «Llévame en pos de ti: ¡Corramos!» (*Cant* 1, 4).

«**El Espíritu nos ayuda en nuestra debilidad**; el Espíritu mismo intercede por nosotros con gemidos indecibles» (*Rom* 8, 26). Su presencia es viva y eficaz, es el Espíritu Santo quien nos conduce a la Fuente, quien riega el jardín de nuestras almas y nos hace fecundos; es Él quien nos muestra el Camino, nos enseña la Verdad, nos da Vida.

Cuando oramos percibimos con la fe algo invisible que nos mueve, una fuerza espiritual dentro de nosotros; es el Espíritu Santo. Él nos ayuda a conectar con Dios, a tomar conciencia de la presencia de Dios en nuestro interior y en todas partes, a detenernos con Él, **someternos a su atracción**, dejarnos iluminar por Él.

El Espíritu Santo actúa siempre en sinergia, obra desde dentro y juntamente con nosotros. Hay que remar, pero sobre todo, **hay que alzar las velas y vivir bajo el soplo del Espíritu** que sopla donde quiere.

«En la Carta a los Gálatas, de hecho, el Apóstol afirma que el Espíritu clama en nosotros "¡Abba, Padre!"; en la Carta a los Romanos dice que somos nosotros quienes clamamos "¡Abba, Padre!". Y san Pablo quiere darnos a entender que la oración cristiana nunca es, nunca se realiza en sentido único desde nosotros a Dios, no es solo una "acción nuestra", sino que es expresión de una relación recíproca en la que Dios actúa primero: es el Espíritu Santo quien clama en nosotros, y nosotros podemos clamar porque el impulso viene del Espíritu Santo. Nosotros no podríamos orar si no estuviera inscrito en la profundidad de nuestro corazón el deseo de Dios, el ser hijos de Dios. Desde que existe, el *homo sapiens* siempre está en busca de Dios, trata de hablar con Dios, porque **Dios se ha inscrito a sí mismo en nuestro corazón**. Así pues, la primera iniciativa viene de Dios y, con el Bautismo, Dios actúa de nuevo en nosotros, el Espíritu Santo actúa en nosotros; es el primer iniciador de la oración, para que nosotros podamos realmente hablar con Dios y decir "Abba" a Dios».[1]

¿Cuál fue el secreto de la Virgen María? ¿De dónde le vino tal fecundidad a la Reina de la Paz si era un ser humano como nosotros? En la Anunciación, María se abre al Espíritu Santo y el fruto es Jesús. «Aquí está la esclava del Señor; hágase en mí según tu palabra» (*Lc* 1, 38). María se ofrece, se presta, para que el Espíritu Santo la llene y obre en ella y a través de ella. Imagino a María con el manto rojo del amor, abrazada por su Esposo: el Espíritu Santo. Su amor se presenta en forma de pregunta; lo que Él espera de nosotros es acogida y correspondencia.

María es prototipo del ser humano: criatura capaz de Dios. Cuando el hombre pone en acto esta asombrosa capacidad y deja que la fuerza del Espíritu Santo irrumpa con toda su potencia, se despliega su gran fecundidad.

El secreto de la Virgen María fue su alianza con el Espíritu Santo como lo fue también de los primeros discípulos de Jesús. Ellos se encontraron con Cristo, Cristo transformó sus vidas y llenos del Espíritu Santo prendieron fuego al mundo entero. Aquellos hombres sencillos conocían bien sus limitaciones, pero centraron su existencia en Cristo[2] y se llenaron de valor para afrontar los retos

---

[1]   BENEDICTO XVI, 23 de mayo de 2012.
[2]   Cfr. *CLC* 3, 1º.

de su nueva vida y su nueva misión. Jesucristo se los anunció y prometió: «Recibiréis la fuerza del Espíritu Santo que vendrá sobre vosotros, y seréis mis testigos en Jerusalén, en toda Judea y Samaria, y hasta los confines de la tierra» (*Act* 1, 8). Los primeros discípulos estaban a la espera, deseaban recibir el don que Cristo les garantizó, eran todo receptividad, se hicieron capacidad de acogida, y el Espíritu Santo irrumpió como una fuente fecunda.

El día de Pentecostés, mientras estaban en oración junto con María, se cumplió la promesa del Señor: «Se les aparecieron unas lenguas como de fuego que se repartieron y se posaron sobre cada uno de ellos; quedaron todos llenos del Espíritu Santo y se pusieron a hablar en otras lenguas, según el Espíritu les concedía expresarse» (*Act* 2, 3-4). A partir de entonces, los Apóstoles comenzaron a compartir su experiencia interior anunciando a todos el amor misericordioso de Dios y llevándolos al encuentro redentor con Cristo.[3] Lo hacían con toda naturalidad, convicción y libertad (cfr. *Act* 2,13-19). En la presencia del Espíritu Santo, y guiados por Él, vivían embargados por una gran alegría espiritual, envueltos en un maravilloso sentido sobrenatural, como se observa en el encuentro de Felipe con el etíope eunuco (cfr. *Act* 8, 26-39).

---

[3]   Cfr. *CLC* 3, 3º.

El Espíritu Santo es como una ola que se alzó aquel día de Pentecostés en el océano de la historia sobre la que se subió la barca de los Apóstoles. Todo en la vida y la acción de los Apóstoles —y con ellos, de los primeros cristianos— estuvo impregnado e impulsado por el soplo invisible pero irresistible del Espíritu Santo, actuando infatigable en la expansión de la Iglesia. Ellos se prestaron como instrumentos dóciles. ¡Qué lejos se encontraban de una mentalidad mecanicista o naturalista, que tiende a creer que la extensión del Reino de Cristo se verifica poniendo ingredientes en el orden que dicta una receta! **Solo el Espíritu de Dios convierte, solo Él santifica, solo Él fecunda y hace germinar.** La fuerza, la energía transformante, la ola, es el Espíritu Santo.

Es en la oración, en el encuentro cotidiano con nuestro Salvador, donde el Espíritu Santo nos modela interiormente para hacernos más semejantes a Cristo. Si somos imagen de Cristo podemos reflejarlo. Necesitamos ser plasmados y transformados por el Espíritu Santo para ser santos y misioneros. Y esta obra transformante la realiza Él poco a poco, muy poco a poco, en los sacramentos y la oración.

Si no te llevas suficientemente bien con el Espíritu Santo, si no lo tienes muy presente en tu vida te estás perdiendo de mucho. Te recomiendo que le supliques con insistencia que se te revele, dile todos los días que quieres conocerlo y vivir la experiencia de su amor.

9. ACTITUD HUMILDE

El soberbio se basta, o al menos, así lo piensa él, y es por eso que los soberbios no pueden rezar o abandonan la oración. Para orar se pide una actitud humilde; **a los humildes Dios los abraza**. La actitud humilde es condición para el encuentro con Dios: «Quítate las sandalias de los pies, pues el lugar donde estás es terreno sagrado» (*Ex* 3, 5).

El humilde no es una persona apocada o acomplejada. Es alguien que se conoce, con sus talentos y sus límites, y acepta la verdad de sí mismo: lo que es a los ojos de Dios. El humilde es un servidor; no anda en busca de honores y reconocimientos ni se siente herido si no le aplauden, no se entristece si se olvidan de él y prefieren a otros, no pretende ser aceptado ni teme ser humillado, ve las cualidades y los logros de los otros y se alegra con ellos, no se compara con los demás ni reclama falta de atención. **El humilde es agradecido y sabe disfrutar de las cosas más sencillas**. El humilde reconoce que no todo lo puede, acepta sus miserias y errores, no se avergüenza de su fragilidad, sabe que es vulnerable, reconoce que es un ser radicalmente necesitado del auxilio de su Creador y Redentor.

Hace unos años encontré a un mendigo muy enfermo que pedía de comer de puerta en puerta. Se llama Luca. Entablé conversación con él y descubrí en toda su persona una actitud profundamente humilde. Era un hombre que se sentía indigno, estaba convencido de que no merecía nada, que no podía exigir derechos. Lejos de Luca el adoptar una actitud arrogante o exigente. Y así se presentaba al tocar las puertas: como un hombre totalmente desprovisto y vulnerable que suplicaba compasión y algo de comer para pasar el día. Lo que le dieran lo recibía con gratitud, cualquier cosa. Lo que más agradecía era que le trataran con afecto.

La humildad es la verdad, la verdad de ti mismo. Vivir tu verdad delante de Dios es oración.

Si la oración es una relación entre la persona y Dios, al orar es necesario plantearse en serio la pregunta: ¿quién soy?, ¿quién es el que se presenta ahora ante Dios?, de tal manera que al abrirse la puerta del encuentro estés bien presente a ti mismo, con plena conciencia de quién es el que ahora se encuentra cara a cara con su Creador.

Jesucristo oraba como el Hijo ante su Padre, como el Redentor que quiere obtener nuestra salvación. Porque se sabía Hijo, buscaba estar con su Padre; acudía a Él con confianza, lo trataba con gran familiaridad.

Aprendemos también de la humildad de María al recibir el anuncio del Ángel: María se consideraba la esclava del Señor y por eso se mostró disponible y sumisa. No era una pose, era una cuestión de identidad y de coherencia. En su condición de madre se presentó ante Jesús en las bodas de Caná, consciente del poder de su oración de intercesión y dijo a Jesús: «No tienen vino» (*Jn* 2, 3).

Aprendamos de los santos. Pedro traicionó al Señor porque estando cerca le seguía de lejos. Seguramente oraba poco y pagó las consecuencias. ¿Cuál fue la actitud de Pedro al cruzar la mirada de Jesús después de la traición? (cfr. *Lc* 22, 61). O cuando, después de la resurrección, el Maestro le preguntó: «Pedro ¿me amas?» (*Jn* 21,15-17). Consciente de su condición de traidor y pecador, aquel hombre tan aparentemente seguro de sí mismo se comportó con gran humildad reconociendo su debilidad y confirmando su amor: «Señor, tú lo sabes todo, tú bien sabes que te quiero» (*Jn* 21,17). La hemorroísa ¡qué mujer aquella!, se sabía poquita cosa. Indigna de ser atendida por el Maestro, no le reclamó nada, simplemente se acercó a tocar el manto de Jesús con respeto y discreción y, sabiéndose radicalmente dependiente del poder curativo de Jesús, obtuvo, por su fe inmensa, la sanación que necesitaba (cfr. *Mc* 5, 27). El humilde sabe decir: yo solo no puedo, como los dos ciegos que suplicaban: «Ten piedad de nosotros, hijo de David» (*Mt* 9, 27), y la mujer cananea insistía con la confianza de quien tenía la certeza de que sería escuchada: «¡Ten piedad de mí!, ¡Señor, socórreme!» (*Mt* 15 22, 25).

San Juan Diego era un hombre ubicado, profundamente humilde. Cuando se le apareció la Virgen de Guadalupe, él se sintió completamente indigno y le dijo a María: «soy solo un hombrecillo, soy un cordel, soy una escalerilla de tablas, soy cola, soy hoja, soy gente menuda.» María, como buena madre, lo trataba con gran cariño. Le decía: «el más pequeño de mis hijos», «Juanito, Juan Dieguito», «hijito mío». En la homilía de la ceremonia de canonización de San Juan Diego, el Papa Juan Pablo II lo propuso a la Iglesia como ejemplo de humildad:

> ¿Cómo era Juan Diego? ¿Por qué Dios se fijó en él? El libro del Eclesiástico, como hemos escuchado, nos enseña que solo Dios "es poderoso y solo los humildes le dan gloria" (3, 20). También las palabras de San Pablo proclamadas en esta celebración iluminan este modo divino de actuar la salvación: "Dios ha elegido a los insignificantes y despreciados del mundo; de manera que nadie pueda presumir delante de Dios" (*1 Co* 1 28, 29).[1]

Soy lo que soy a los ojos de Dios. Por eso debo preguntarme: ¿cómo me ve Dios?, ¿qué es lo que Dios ve cuando me mira?

Estas serían algunas de las verdades fundamentales que encontraríamos:

---

[1] Juan Pablo II, 31 de julio de 2002.

- Somos hijos de Dios, creados a su imagen y semejanza. La inhabitación de la Trinidad en nosotros es una realidad viva. Fuimos hechos para vivir en una comunión de amor con Él, en el tiempo y en la eternidad. Hemos sido creados por amor y para amar, para acoger y dar vida, hemos sido hechos para la fecundidad en el amor.

- Somos peregrinos, con un tiempo limitado de vida, con unos talentos recibidos: el tiempo, la libertad, la vocación y la misión personal; tantos dones y gestos del amor personal de Dios a cada uno; caminamos hacia los brazos de Dios Padre, donde nos tiene preparado un lugar.

- Somos pecadores rescatados. La sangre del Hijo de Dios hecho hombre fue la moneda con que pagó nuestro rescate del pecado. Valemos lo que vale la Sangre de Cristo. Y aún así conservamos tendencias e inclinaciones que nos llevan a hacer lo que no queremos (cfr. *Rm* 7,18-21).

- Somos buscadores de felicidad, de verdad, de justicia y de paz. Cavamos pozos por todos lados buscando agua pura que sea capaz de saciarnos en plenitud.

- Somos cristianos, discípulos de Cristo. Él nos mandó permanecer en su amor

(*Jn* 15, 9), orar siempre (*Lc* 18,1ss) y nos dio ejemplo de oración.[2] Ser cristiano es ser como Cristo que vivía en unión con el Padre y en cuya vida siempre acudía a la oración en los momentos importantes y en las grandes decisiones.

Estas cinco verdades son tan profundas que no pueden darse por supuestas; constituyen la médula de la propia identidad. No basta conocerlas, hay que descubrirlas como ciertas para cada uno de nosotros, entonces podrán convertirse en **certezas profundamente arraigadas y sentidas, convicciones fundamentales que orientarán también nuestras decisiones existenciales**. Es un camino de descubrimientos gradual, en profundidad; en cada momento brilla alguno de esos aspectos, iluminan la vida con más fuerza y tiran para seguir caminando y descubriendo.

Cuando voy a visitar a Cristo Eucaristía a veces irrumpen en mi mente la lista de pendientes del día, sueños sobre proyectos y muchas otras distracciones. En estas ocasiones utilizo un recurso que tiene que ver con la lista de las verdades fundamentales que acabo de citar; te lo comparto por si quieres probar: Me defino quién soy, cómo estoy y ante quién estoy, y esto me ayuda a adoptar las actitudes para un encuentro genuino

---

2   Cfr. *Mt* 11, 25 ss; *Jn* 12, 27 ss; *Mt* 26, 39 ss y paralelos; *Jn* 17; 1-26, etc.

y profundo con Dios. En la práctica utilizo esta frase: «Yo que soy tu..., y que ahora me siento..., vengo ante ti que eres mi...»; yo que soy tu hijo y que ahora me siento agradecido, vengo ante ti que eres mi Padre. Yo que soy peregrino camino al cielo y que ahora me siento confundido, vengo ante ti que eres mi guía. Yo que soy pecador y que ahora me siento arrepentido, vengo ante ti que eres mi Salvador y Padre Misericordioso. Yo que soy frágil y que ahora me siento herido, vengo ante ti que eres el Médico de mi alma, etc.

La misa nos enseña a iniciar la oración con el reconocimiento de nuestra condición de pecadores: «Yo confieso ante Dios todopoderoso...» Habiendo tomado conciencia de nuestra condición miserable, suplicamos a Dios que tenga misericordia de nosotros: «Señor, ten piedad». El autosuficiente se comporta ante Dios como el agua que repele el aceite; no se mezclan. En cambio, el humilde es como el bebé que, no habiendo aprendido aún a caminar y sabiendo que él solo nada puede, alza la mirada y suplica a su padre que lo levante hasta su altura porque quiere ver su rostro cara a cara.

Para adoptar una actitud humilde delante de Dios a algunos les ayuda poner las manos abiertas, como pidiendo limosna. Ese gesto corporal hecho con discreción dice mucho en la oración; haz la prueba.

10. ACTITUD CONFIADA DE HIJO

Otra actitud indispensable en la oración es la actitud filial: comportarse como hijo. Algunas personas oran como esclavos, no como hijos, como quien tiene que cumplir un quehacer y no como quien desea estar con su padre. El primero se queda en la formalidad de cumplir un compromiso o una tarea, el segundo pone amor. El esclavo pone más atención en cumplir, en la formalidad del rito, en la materialidad de las fórmulas que pronuncia. El hijo pone todo el corazón cuando dialoga con Dios.

El que ora como esclavo cuida las apariencias exteriores del cumplimiento de sus compromisos espirituales. Realiza sus quehaceres espirituales porque tiene que cumplir y se limita a lo que es obligación estricta. Es comprensible que rezar le resulte fastidioso. Para el esclavo la oración es rutina, para el hijo es un momento esperado. Al esclavo cada acto de piedad le parece eterno, el hijo disfruta cada ocasión de encuentro y experimenta una profunda paz.

El hijo, en la relación con su padre, se comporta de manera respetuosa, pero **natural, siempre fresca, con la libertad de quien se mueve en un clima familiar**. El que ora como hijo no asfixia sus afectos con las formas, no se centra en cumplir rutinas, en hacer lo que es técnicamente correcto, en cumplir con rigor los pasos establecidos en el método. Quien se ahoga en el formalismo puede escuchar de Dios: «Este pueblo me honra con los labios, pero su corazón está lejos de mí» (*Mc* 7, 6). La oración del hijo es un encuentro íntimo, un diálogo familiar, espontáneo, lleno de afectos, que se expresa en un clima de profunda libertad interior.

El hijo busca cultivar una relación viva con Dios, concretada en algunos momentos dedicados exclusivamente a Él y prolongada a lo largo de toda la jornada, sabiendo que Dios lo está mirando y cuidando siempre. Benedicto XVI lo explica así:

> La relación con Dios es esencial en nuestra vida. Sin la relación con Dios falta la relación fundamental, y la relación con Dios se realiza hablando con Dios, en la oración personal cotidiana y con la participación en los sacramentos; así esta relación puede crecer en nosotros, puede crecer en nosotros la presencia divina que orienta nuestro camino, lo ilumina y lo hace seguro y sereno, incluso en medio de dificultades y peligros.[1]

El hijo acude a su padre con confianza, la certeza del amor de su padre le da seguridad, sabe que estando su padre presente no tiene nada que temer. Así nosotros con Dios: confianza y abandono.

---

[1] BENEDICTO XVI, 1 de agosto de 2012.

Cuando todas tus seguridades se te desmoronan, la confianza en Dios es la única roca firme a la que te puedes agarrar. Las arenas movedizas nos dan la oportunidad para hallar la roca firme. La confianza absoluta en Dios es fuente de paz.

En la presencia de Dios hay que ser muy honestos y presentarse con una confianza absoluta: «Señor, vengo arrepentido suplicándote perdón y misericordia»; «me siento en paz, feliz de saberme tu hijo muy amado»; «aquí estoy, confundido, no te entiendo, no entiendo nada, vengo en busca de luz»; «me queda claro que soy un consentido, muy bendecido por ti, me reconozco indigno de tu amor y profundamente agradecido»; «vine ante ti, que sabes la verdad de mi vida, a descansar un poco»; «aquí me tienes, cansado de ser mediocre; nunca como ahora había experimentado el gran amor que me tienes y simplemente quiero decirte "gracias", yo también te quiero».

El que ora como hijo se acerca a Dios con confianza, con respeto y gratitud. **Ora con gusto, ora porque quiere, porque quiere estar con su Padre**.

11. ACTITUD REALISTA, SERENA Y EXIGENTE

Continuamente se escucha decir: «Mi vida es muy complicada, estoy siempre acelerado: el trabajo, los traslados, las presiones, las clases, los niños, los imprevistos... ya no me cabe nada más, no tengo tiempo para nada... ¿Cómo rezar cuando no tengo tiempo para nada? Además, orar es muy difícil para mí y dudo que me vaya a cambiar».

¿Cuál es el problema? ¿Orar? ¿Querer orar? ¿Saber orar? Tal vez los tres... Una cosa es ver claro que necesito hacer ejercicio, otra querer hacerlo, otra hacerlo y otra saber hacerlo. Y en todo ello la cosa es gradual. Gradualmente voy viendo con más claridad que la oración en mi vida es algo necesario. Gradualmente voy afirmando mi determinación a ser un hombre de oración. Gradualmente voy aumentando mis tiempos de oración. Gradualmente voy aprendiendo a orar con mayor sencillez y profundidad. Gradualmente voy descubriendo la profundidad y la luminosidad del mundo del espíritu.

Normalmente se necesita ayuda para comenzar y también para perseverar. Aquí juega un papel muy importante la oración familiar, la comunidad orante y el director espiritual. Si quieres y no puedes, pide ayuda. Pedir ayuda es otro signo de humildad para aprender a orar y para orar mejor.

Hay personas que objetivamente no tienen tiempo disponible y no pueden tenerlo. Pienso, por ejemplo, en una madre de familia con hijos pequeños. Su atención está totalmente absorta en los niños; ocupa las 24 horas del día en sus necesidades y obligaciones básicas, de sobrevivencia. Ni en misa pueden estar tranquilas... pues los niños no paran. Pienso también en quien trabaja 12 horas diarias, la distancia entre su casa y el trabajo es larga, sus hijos son todos chicos... Estas personas tienen la jornada llena. Su tiempo no les pertenece. Difícilmente pueden encontrar espacios de paz y tranquilidad. Son los primeros en sufrirlo. Su vida es intensa y muy sacrificada. Estas personas pueden ofrecer a Dios todo lo que hacen y elevar la mente y el corazón a Él a lo largo del día. También «entre pucheros anda el Señor».[1] «Estamos igualmente unidos a Dios por el trabajo en el tiempo de trabajo, que por la oración en el tiempo de oración».[2] Que su vida entera sea para gloria y alabanza de Dios.

Una alabanza de gloria es un ser que vive en estado permanente de acción de gracias. Todos sus actos, movimientos, pensamientos y aspiraciones son como un eco del Sanctus eterno.[3]

---

[1] Santa Teresa de Jesús, *Libro de las Fundaciones,* V, 8.
[2] Hermano Lorenzo, *La práctica de la presencia de Dios.*
[3] Sor Isabel de la Trinidad, *Retiro "Le ciel sur la terre",* 13ª oración: Una alabanza de gloria.

Puede ayudarles hacer suya esta oración del Cura de Ars:

> Dios mío, si mi lengua no puede decir en todos los momentos que te amo, quiero que mi corazón te lo repita cada vez que respiro.[4]

Conozco personas que se turban porque antes dedicaban más tiempo a la oración personal y ahora no pueden. Es importante que acepten la etapa en que se encuentran, que sepan adaptarse, que la vivan con mucha paz interior y la disfruten. Es bella oración acordarse de Jesús, hacer memoria del Creador, ofrecerle su cansancio, decirle «gracias» mientras disfrutan la sonrisa de su bebé, pedirle perdón cuando pierden la paciencia en el trabajo, o decirle «bendito seas» cuando el sol se ponga, haya ido como haya ido el día. Cuando comienzan la jornada o al acostarse pueden hacer la señal de la cruz con un profundo sentido de alabanza, súplica, gratitud y ofrecimiento; y, si encuentran un momento de tranquilidad y silencio, disfrutarlo en intimidad con Dios.

Estas personas pueden inspirarse en aquella viuda pobre que conmovió a Jesús un día en el Templo de Jerusalén:

---

[4] San Juan María Vianney, *Oratio,* citado por B. Nodet, *Le Curé d'Ars. Sa pensée-son coeur,* p. 45.

Jesús se sentó frente al arca del Tesoro y miraba cómo echaba la gente monedas en el arca del Tesoro: muchos ricos echaban mucho. Llegó también una viuda pobre y echó dos moneditas, o sea, una cuarta parte del as. Entonces, llamando a sus discípulos, les dijo: "Os digo de verdad que esta viuda pobre ha echado más que todos los que echan en el arca del Tesoro. Pues todos han echado de lo que les sobraba; esta, en cambio, ha echado de lo que necesitaba todo cuanto poseía, todo lo que tenía para vivir" (*Mc* 12, 41-44).

A la vez que afirmamos que debemos ser realistas y saber adaptarnos a las circunstancias, también hay que decir que **la amistad requiere trato y crece con el trato**, y por ello es necesario buscar tiempo para estar con la persona amada. La vida de oración, que es relación de amistad con Dios, requiere también tiempo para Él. Aunque sea exigente es necesario buscarlo. No tienen que ser tiempos largos, pero sí tiempos de calidad. Algunos no dedican tiempo a la oración porque la vida toda es oración, pero las dos cosas son necesarias: orar la vida y reservar espacios para la oración personal y comunitaria. Es exigente, sí, la oración es exigente y lo es para todos. Si no nos imponemos una disciplina fácilmente terminaremos por dejar de orar.

Un último comentario sobre el realismo: las circunstancias de la vida son cambiantes. La oración no es igual cuando el trabajo es particularmente intenso y cuando estamos en vacaciones, cuando hemos dormido bien y cuando nos hemos desvelado, cuando estamos sanos y cuando estamos enfermos, cuando todo va bien en el matrimonio y cuando hay tensiones, cuando estás celebrando con tu esposa la graduación de tu hijo y cuando acabas de discutir con ella, cuando oramos en grupo y cuando estamos solos, en épocas difíciles y en tiempos exitosos, cuando estamos dando los primeros pasos y cuando llevamos décadas orando. Se requiere realismo para saber adaptarse y para no desalentarse pero, sobre todo, se requiere la ayuda de un director espiritual.

Algo que puede ayudarnos cuando más nos cuesta perseverar en la oración es recordar que Dios quiere estar con cada uno de nosotros «para que donde yo estoy estéis también vosotros» (*Jn* 14, 3b). Él, nuestro Dios y Señor, nuestro Amigo, quiere tenernos cerca: «quedaos aquí y velad conmigo» (*Mt* 26, 38b), centrados en lo esencial, creciendo saludablemente y avanzando hacia la vida eterna por el Camino: «pues para donde Yo voy, vosotros conocéis el camino» (*Jn* 14, 4). **Cuando se habla de amistad, se trata de un yo y un tú**. No pensemos solo en nosotros mismos, en el bien que nos hacen los ratos de oración y en que es indispensable «estar unido a la Vid» (cfr. *Jn* 15, 1ss) para vivir y dar fruto. Pensemos sobre todo en Él.

Pensemos en el Espíritu Santo, el dulce huésped de nuestra alma, que quiere ser escuchado y clama con Jesús, orando en lugar nuestro desde el centro de nuestro ser: «¡Abbá, Padre!» (cfr. *Gal* 4, 6). Él quiere hablarnos, quiere responder a nuestras súplicas, quiere revelarnos su rostro y tiene su propio tiempo para hacerlo; debemos abrirle espacios en actitud de silenciosa escucha para recibir Su respuesta. Como bien dijo San Juan María Vianney: «Si vas al encuentro de Dios, Él vendrá a encontrarte».

Pensemos también en María, Ella desea que nos arrojemos en sus brazos para consolarnos, para protegernos, para que confiados abandonemos y olvidemos en Ella nuestros temores y preocupaciones.

12. ACTITUD POSITIVA:
QUERER ORAR

La oración no se reduce al brote espontáneo de un impulso interior: para orar es necesario querer orar.[1]

En la mayoría de los casos no se trata de un problema conceptual sobre la necesidad de cultivar la amistad con Dios, sino de algo más *práctico*: se reconoce la necesidad de la oración personal, pero no se asegura un tiempo diario para estar a solas con Dios. O no se tiene la determinación de hacerlo, o no se ponen los medios, o no se persevera en el propósito. Hay que querer y formar el hábito.

Otras personas se llenan los días y las semanas de compromisos y actividades. Algunas son necesarias, otras no. Muchas de las cosas que hacen son opcionales, las hacen por gusto, por generosidad, por costumbre, o tal vez, incluso por presión social, y atiborran sus jornadas de ocupaciones. Además de sus obligaciones y deberes básicos (estudios, hogar, trabajo, etc.) dedican tiempo a otras actividades como cursos, deportes, vida social, obras de apostolado, *hobbies*, entretenimiento, descanso, leer la prensa,

---

[1]   *CCE,* 2650.

revistas, redes sociales, etc. **Su día lo tienen lleno porque lo llenan y, sin embargo, no tienen tiempo para estar a solas con Dios.**

A quien ha caído en este vicio le conviene hacer un alto y, con humildad y sencillez, preguntarse si desea o no escuchar y responder a su sed de felicidad profunda; si reconoce que el trato diario con Dios es una necesidad básica para que su vida sea auténticamente humana y cristiana; si quiere poner los medios para obrar en consecuencia. Le es preciso trazar una recta jerarquía de valores y decidir responsablemente cómo va a usar su tiempo (según prioridades que sean conformes a su jerarquía de valores). Y luego, tratar de simplificar su vida: **las opciones exigen renuncias.** Será necesario quitar cosas no necesarias para que pueda vivir menos acelerado y luego elegir tiempos de calidad reservados al encuentro personal con Jesús. A las actividades necesarias no se puede renunciar, pero sí a las actividades no necesarias u opcionales. Esto no es fácil, es necesario romper esquemas y cambiar hábitos. Una vez tomadas estas decisiones, hay que incluir la oración personal en el día y no dejarla por nada; de lo contrario nunca se formará el hábito y sucederá con facilidad que la oración será lo primero en caer.

Hay actividades que jamás faltan en la rutina diaria de cualquier persona porque son indispensables, se da por supuesto que se dispone de tiempo para ellas, no se cuestionan: por ejemplo, comer o dormir. Creo que el tiempo de oración entra en esta categoría. Si la ausencia de alimento o de sueño se prolongaran en el tiempo, la salud termina seriamente quebrantada. **La oración es el alimento del alma y, por eso, algo indispensable.** Como hemos dicho, la oración es cuestión de identidad:

> La razón más alta de la dignidad humana consiste en la vocación del hombre a la comunión con Dios. El hombre es invitado al diálogo con Dios desde su nacimiento; pues no existe sino porque, creado por Dios por amor, es conservado siempre por amor; y no vive plenamente según la verdad si no reconoce libremente aquel amor y se entrega a su Creador.[2]

Orar es exigente para todos. Requiere determinación personal y constancia para perseverar, colocar delante de sí mismo las motivaciones por las cuales se hacen las cosas y adoptar una actitud positiva ante las responsabilidades. Para afrontar retos es necesario querer, poner amor, como lo hizo Jesucristo en la cruz. «Mi vida nadie me la quita, soy yo quien la doy por mí mismo» (*Jn* 10,18).

Cuando Jesucristo convocó a sus apóstoles en la última cena les dijo: «Cuánto he deseado celebrar esta pascua con vosotros» (*Lc* 22,15).

---

[2] *Gaudium et Spes,* 19.

Su pascua era el sacrificio de su propia vida, la hora de su muerte. Y dijo: «¡cuánto he deseado este momento!». Sabemos que en la oración de Getsemaní, en la que Jesús pasó miedo y angustia, sudó gotas de sangre por el sufrimiento moral que llevaba dentro. Fue algo terriblemente doloroso para Jesús. Lo que él deseaba era dar amor, salvarnos, hacer la Voluntad de su Padre, y eso lo quería con toda determinación. Esto vale para la vida de oración como vale para las clases en la universidad, ir a la oficina, ir a recoger a los niños a la escuela, visitar al abuelo enfermo... todo.

Un cambio de vocabulario puede mejorar notablemente tu actitud. Si haces las cosas de buenas y por amor, las harás mejor. Estemos atentos para usar el «quiero» en vez del «tengo que» en nuestra vida de oración y en todo; notaremos enseguida la diferencia.

En la agenda cotidiana convendría incluir:

- Ofrecimiento del día al Señor por la mañana.

- Acción de gracias al final de la jornada.

- Misa y comunión sacramental varias veces por semana (ojalá al menos una de ellas con el cónyuge además del domingo).

- Rosario a la Santísima Virgen María.

- Quince minutos de silencio y soledad para leer y meditar la Palabra de Dios, dialogar con el Señor y estar con Él (de ser posible ante Cristo Eucaristía).

* Conviene incluir también el examen diario, del que hablo en el libro: *Oraciones para encontrar paz.*

A quien no esté acostumbrado a buscarse estos espacios de oración tal vez le parezca demasiado, pero no se trata de comenzar a hacerlo todo de golpe sino, como hemos dicho, gradualmente, tal vez en el orden que están en el listado anterior, o lo que a ti más te ayude. Podrías tratar de incorporar en tu rutina diaria dos de estos actos cada año. Así, en sólo tres años, habrás formado buenos hábitos de oración para toda tu vida.

Es cuestión de jerarquía de valores y prioridades. **El amor crece con el trato y el trato requiere tiempos de calidad.** Procura ofrecer a tu Creador la mejor parte. Dios no quita nada, pero sí recibe con mucho gusto el tiempo que tú le des.

El tiempo y la libertad son dos talentos particularmente valiosos que todos los seres humanos hemos recibido de manera gratuita (cfr. *Mt* 25, 14-30). ¿Cómo decirle a quien nos ha regalado todo el tiempo de nuestra vida y la libertad para escoger cómo emplearlo: «no tengo tiempo para ti»? La lógica de un niño concluiría enseguida: «No es justo». «Gratis lo recibisteis, dadlo gratis» (*Mt* 10, 8).

13. Aciertos y errores
en la oración

Aciertos en la oración

Mientras lees este apartado, tal vez quieras convertirlo en una oración diciéndole a Jesús: «Yo quiero orar así, ayúdame».

Tú puedes hacer tu propio elenco describiendo cómo es tu relación con Dios. Hace mucho bien conceptualizar la propia experiencia espiritual.

El elenco de aciertos que sigue no es de ninguna manera exhaustivo, solo menciono algunos aspectos importantes:

1. Acudo a Dios porque es Dios, porque es mi Creador y Padre, porque es infinitamente bueno y misericordioso. Y a mí, como hijo y criatura suya, me corresponde bendecirlo y alabarlo. **Quiero acoger su amor y corresponder a su amor infinito.** Más allá de obligaciones y compromisos asumidos, quiero rezar porque amo a Dios. Cumplo mis deberes religiosos con amor y por amor, no solo por cumplir.

2. Mi oración ordinaria consiste en dialogar con Él a partir de Su Palabra, de mi situación personal y los acontecimientos de la

vida. **Me gusta conocer la vida de los santos y leer maestros de vida espiritual**: me sirven de inspiración para llegar más alto y más lejos en mi relación de amor con Cristo.

3. Procuro cultivar el hábito de la presencia de Dios, saber que me mira, que estoy en su presencia. Tengo siempre a Dios a mi lado, haga lo que haga, esté donde esté.

4. Mi tiempo le pertenece a Dios, trato de estar siempre en su presencia y dedicarle **tiempos de calidad para estar a solas con Él, sin hacer otra cosa que estar juntos**. Para orar me busco un espacio silencioso, procuro recoger mis sentidos, centrarme solo en Él, actuar mi fe, establecer contacto con Él. Procuro no limitarme a las oraciones que ya tengo incorporadas en mi rutina diaria, sino cultivar la gratuidad en mi relación con Él.

5. Busco el contacto personal de amor con Dios, con un trato muy personal, natural, espontáneo, cordial. Me siento libre tratando con naturalidad a quien libremente me busca. Lo que me interesa es estar con Dios. No importa qué tema le trate ni cómo lo haga. **Más que pensar ideas en la meditación, procuro bajar las ideas al corazón profundo**, dejarme amar y darle amor.

6. Al estar con Dios busco sobre todo escucharle, conocerle, saber cuál es su voluntad. Lo busco a Él, no a mí mismo. Por eso, no me importa si siento bonito o no, me basta creer que está presente y que le agrada que lo busque.

7. El alimento de la oración es la Eucaristía, por eso procuro recibirla con frecuencia y pasar ratos a solas con Él. **Todos los días leo la Sagrada Escritura; es mi libro preferido para la meditación**. Me confieso con frecuencia, tengo un director espiritual y trato de vivir las virtudes cristianas, siguiendo el ejemplo de Jesucristo.

8. Me conforta saber que Dios me amó primero, que quiere establecer una relación íntima de amor conmigo y que sale a mi encuentro en todo momento y circunstancia. Este interés de Dios por mí y la eficacia de su gracia me llena de confianza. Suplico al Espíritu Santo que sea mi maestro y mentor, que Él me levante y me muestre el rostro de Cristo.

9. Rezo siempre, sé que lo necesito, me sienta digno o indigno, con ganas o sin ganas. Sé que Dios escucha siempre mi oración y que, aunque sea tan miserable y lo haga tan pobremente, a Él le complace que me acerque como el más pequeño de sus hijos.

10. Sé que **la oración se autentifica en la caridad y se desborda en el apostolado** y procuro mostrar mi fe con obras.

También quisiera mencionar diez errores frecuentes en la vida de oración. Creo que puede ayudarnos para reconocerlos, para sonreírnos ante nuestra debilidad, para avivar el deseo de superación y buscar ayuda:

1. Acudo a Dios *solo* para pedirle **que me resuelva problemas y necesidades** que me interesan: salud, trabajo, familia, tranquilidad, estabilidad económica, etc.

2. Rezo como me enseñaron de niño: mi oración se reduce a fórmulas memorizadas que la mayoría de las veces repito sin atención. Rezo tan distraído que no llego a conectar con Dios.

3. Mi relación con Dios va en paralelo de mi vida ordinaria, es un apartado en la rutina diaria o semanal que no se integra con el resto de mi vida, mis actitudes y comportamientos.

4. Mido y cuento el tiempo que le dedico a Dios. Soy tacaño con Dios, mi tiempo con Él no es tiempo de calidad, con frecuencia

le dejo las migajas del día. En el día a día **la oración queda casi siempre en último lugar**.

5. Cuando rezo hago cosas, me preocupo de las formas, de si lo hago bien o no, pero no tengo un encuentro cordial y sincero con Dios. **Mi oración es una especie de acto intimista en solitario**. Cuando voy con mis preocupaciones, mi oración termina siendo un monólogo, una reflexión personal acerca de cómo resolverlas. Hablo, hablo y hablo, sin escuchar a Dios. Más aún, no sé qué significa escuchar a Dios ni cómo habla Él. Ya no hablo con Dios sino solo conmigo; no me abandono con confianza en sus brazos paternales.

6. Creo que oro bien si los sentimientos son bonitos. Si no, pienso que algo estoy haciendo mal, que no sé orar. O creo que oro bien si pienso mucho, si desarrollo grandes y novedosas ideas.

7. Considero que tengo hilo directo con Dios y descuido, sin embargo, mi vida sacramental (misa, comunión, confesión) y espiritual (vida interior, virtudes, recurso a medios de perseverancia como la dirección espiritual, etc.). Trato poco a Cristo Eucaristía. Paso poco tiempo con Él. No leo diariamente la Sagrada Escritura y la uso muy poco en mis meditaciones.

8. Concibo la oración solo como iniciativa humana: **me comporto como si fueran mis propias fuerzas las que me permiten acceder a Dios** y crecer en mi vida espiritual.

9. Rezo solo cuando me siento digno de rezar. Cuando me siento indigno porque he pecado, o me he enojado, o no estoy bien conmigo mismo o con los demás, me excuso diciendo que sería hipócrita si rezara, y dejo de hacerlo.

10. Soy muy cumplido en mis rezos y muy descuidado en la práctica de la caridad cristiana y el anuncio del evangelio.

Agradece a Dios los aciertos y pídele que te ayude a superar tus errores. Si son pocos los aciertos y muchos los errores, no te desalientes: elige uno o dos aspectos en que te propones mejorar y comienza hoy mismo.

14. ¿DÓNDE ESTÁ DIOS? ¿CÓMO LE ESCUCHO?

Preguntaron a un grupo de adolescentes si *escuchaban* a Dios: uno respondió, «Qué pregunta más absurda, sabemos que Dios no habla, ¿cómo vamos a escucharlo?». De catorce adolescentes, entre quince y dieciséis años, ninguno pudo decir que escuchaba a Dios porque no lo podían oír o tocar de la misma manera que al resto de personas. Al final pidieron ayuda para saber escucharlo porque todo el mundo habla de escuchar a Dios, pero nadie de cómo «descifrarlo».

En efecto, algunas de las preguntas más frecuentes respecto a la vida de oración son: ¿cómo escucho a Dios?, ¿cómo se comunica Dios conmigo?, **¿dónde está Dios?**

Nos dicen que busquemos a Dios en todas las cosas, pero no lo vemos de la misma manera en que vemos a las demás personas. Nos explican que orar es escuchar a Dios, pero a Dios no lo escuchamos como oímos los sonidos ni como escuchamos las palabras de un amigo en una conversación.

Lo primero que hay que aclarar es qué significa escucha cuando se habla de escuchar a Dios. **Escucha significa receptividad, apertura, acogida, percepción.** Creemos que Dios nos ama, Dios nos habla, Dios nos ilumina. Pero ¿cómo percibo su presencia?, ¿cómo escucho su mensaje?, ¿cómo habla?

Dios es misterioso, no lo vemos ni escuchamos su voz directamente, pero habla por diversas mediaciones. «Dios invisible, movido de amor, habla a los hombres como amigos, trata con ellos para invitarlos y recibirlos en su compañía».[1]

María Magdalena quería ver a Jesús, fue a buscarlo al sepulcro y no lo encontró: «Se han llevado a mi Señor y no sé dónde lo han puesto» (*Jn* 20,13). María vio morir a Jesús en la cruz, pero no podía vivir sin Él, a toda costa quería volver a verlo: «Señor, si tú te lo llevaste, dime dónde lo has puesto» (*Jn* 20,15).

Hoy estamos nosotros como María Magdalena: queremos ver a Jesús. Jesús murió, pero queremos estar con Él, tratar con Él. ¿Cómo tratar con Cristo Resucitado? **¿Dónde está Jesucristo hoy?** La respuesta nos la da el mismo Jesucristo durante su encuentro con los discípulos de Emaús (cfr. *Lc* 24, 13-53): a Cristo Resucitado se le encuentra en la Escritura, en la Eucaristía y en el propio corazón.

"Hoy" es también una expresión de confianza. El Señor nos lo enseña; no hubiéramos podido inventarlo. Como se trata sobre todo de su Palabra y del

---

[1]   *Dei Verbum, 2.*

Cuerpo de su Hijo, este "hoy" no es solamente el de nuestro tiempo mortal: es el Hoy de Dios: "Si recibes el pan cada día, cada día para ti es hoy. Si Jesucristo es para ti hoy, todos los días resucita para ti. ¿Cómo es eso? 'Tú eres mi Hijo; yo te he engendrado hoy' (Sal 2, 7). Hoy, es decir, cuando Cristo resucita" [San Ambrosio].[2]

De diversas maneras descubrimos Su presencia y escuchamos Su voluntad. **Alcanzamos lo invisible mediante lo visible actuando las virtudes teologales**, como recibimos en la oreja el sonido por el sentido del oído o en la nariz los olores por el sentido del olfato. El lenguaje de la comunicación con Dios son las virtudes teologales: fe, esperanza y caridad. Las cosas, las personas, los acontecimientos puedo verlos en dimensión natural o dimensión sobrenatural; si me acerco a ellos con una mirada de fe, con confianza y amor, puedo descubrir allí la presencia de Dios y escuchar su mensaje.

En un taller de oración con treinta chicas de dieciséis y diecisiete años que querían aprender a escuchar a Dios, llevé a todas a la capilla, les dije cómo hacer silencio hasta alcanzar un estado de quietud interior, expuse el Santísimo Sacramento, invocamos al Espíritu Santo para suplicarle que nos permitiera escuchar la voz de Jesús y

---

[2] *CCE,* 2836.

experimentar su amor, leímos un pasaje de la Escritura, compartí con ellas en voz alta mi diálogo con Jesús, dejaba espacios de silencio y escucha para que ellas continuaran su propio diálogo con Cristo, luego oramos juntos ayudándonos de una canción muy bella. Concluí diciéndoles que cada quien pasara a recreo cuando hubiera terminado su encuentro con Jesús. No querían dejar la capilla, las primeras comenzaron a salir quince minutos después, otras permanecieron allí hasta treinta minutos más junto a Jesús. Las veía desde atrás y me parecía estar contemplando a Juan recostado en el pecho del Señor durante la última cena, escuchando los latidos de su corazón.

Muchas pidieron hablar conmigo para contarme su experiencia, otras me entregaron las notas que habían escrito donde cifraron en palabras su diálogo con Jesús, una vino feliz a decirme que por fin había escuchado la respuesta que desde hace meses había estado buscando y que había tomado la decisión de ofrecerle a Dios un año de su vida como misionera. Unas le escucharon a través del pasaje de la Escritura, otras mediante el encuentro consigo mismas en el silencio, otras al descubrir a Jesús en la intimidad del propio corazón, otras simplemente mirándolo en la Hostia consagrada, a otras Dios le habló en el canto... **Para que Dios pudiera actuar y hacerse oír necesitaba corazones disponibles a la escucha**. Cuando las personas me piden que ore por ellas, normalmente mi oración es: «Señor, dale un corazón que escuche» (cfr. *2 Cro* 1, 9-10).

> "Cristo Jesús que murió, resucitó, que está a la derecha de Dios e intercede por nosotros" (*Rm* 8, 34), está presente de múltiples maneras en su Iglesia (*LG* 48): en su Palabra, en la oración de su Iglesia —"allí donde dos o tres estén reunidos en mi nombre" (*Mt* 18, 20)—, en los pobres, los enfermos, los presos (*Mt* 25, 31-46), en los sacramentos de los que Él es autor, en el sacrificio de la misa y en la persona del ministro. Pero, "sobre todo (está presente) bajo las especies eucarísticas" (*SC* 7).[3]

Dios habla en la Sagrada Escritura, en la Eucaristía, en el propio corazón, en la Virgen María, en la comunidad orante, en los acontecimientos de la historia, en las circunstancias de la propia vida, en la naturaleza, en las personas, en la experiencia de los santos, en el magisterio de la Iglesia y el director espiritual, en el arte... Y escucho en ellos si actúo la fe, la esperanza y la caridad.

A estos lugares de encuentro y escucha se les llama mediaciones: medios por los que Dios se revela. Vamos a detenernos en algunos de ellos.

---

[3]   *CCE*, 1373.

15. ESCUCHAR A DIOS EN LA ESCRITURA

Cuando escuchamos y gustamos la Palabra de Dios bajo la acción del Espíritu Santo entramos en contacto con Cristo Resucitado que nos habla. **Jesucristo vive en Su Palabra**.

> La novedad de la revelación bíblica consiste en que Dios se da a conocer en el diálogo que desea tener con nosotros. Dios se nos da a conocer como misterio de amor infinito en el que el Padre expresa desde la eternidad Su Palabra en el Espíritu Santo. El Verbo, que desde el principio está junto a Dios y es Dios, nos revela al mismo Dios en el diálogo de amor de las Personas divinas y nos invita a participar en él.[1]

Si queremos escuchar la voz de Dios lo mejor es acudir a la fuente: la Sagrada Escritura. Por eso conviene formar el hábito de leer todos los días un pasaje de la Biblia. Que tu Biblia esté bien desgastada, subrayada, con notas al margen. En la Sagrada Escritura escuchamos en vivo y en directo la voz de Dios, y el Espíritu Santo nos ayuda a comprenderla. «Os conviene que yo me vaya; porque si no me voy, no vendrá a vosotros

---

[1] *Verbum Domini,* 6.

el Paráclito; pero si me voy, os lo enviaré» (*Jn* 16, 7). Lo que buscamos en la oración no son nuevas ideas, reflexiones interesantes o lecturas apasionantes. Lo buscamos a Él.

Los discípulos de Emaús estaban tristes, perdidos, desconcertados; pero recobraron la paz y reencontraron el sentido de la vida cuando Jesús les explicó las Escrituras. Hay que tener confianza en que el Espíritu Santo se hace presente cuando lo invocamos y que Él «viene en ayuda de nuestra flaqueza» (*Rom* 8, 26). Cada meditación con la Biblia en las manos y en el corazón está llamada a convertirse en un nuevo camino de Emaús donde Cristo nos salga al encuentro y nos explique lo que allí está escrito sobre él (cfr. *Lc* 24, 13-35).

Meditar con la Biblia es como salir a pasear con Dios por el jardín del Edén como lo hacía con Adán y Eva.

«El pecho de Jesús es la Sagrada Escritura»,[2] dijo Godfredo de Admond. Hay que acudir a la meditación con los sentimientos de Juan cuando se recostó en el pecho de Jesús para escuchar los latidos de su Corazón, sus más íntimos secretos (cfr. *Jn* 13, 23-25 ss); con los sentimientos de la Samaritana cuando encontró a Jesús en el pozo y le dijo: «dame de esa agua para que no tenga más sed» (*Jn*, 4, 15). En este sentido

---

[2]   *Homilía 51*: PL 174, 338 B-C.

podemos también decir: El pozo de Jesús es la Sagrada Escritura. Pecho y pozo: la herida de su costado traspasado.

La meditación de la Sagrada Escritura, además de abrirnos el tesoro de la Palabra de Dios, propicia el encuentro con Cristo.[3] Y cada día que la meditemos será un encuentro nuevo, pues el Espíritu Santo se encarga de actualizar la Palabra, de que sea mensaje personal de Dios para mí hoy. Es como una revelación continua, como hemos experimentado tantas veces: «La Palabra de Dios no está encadenada» (*2 Tim* 2, 9). La Palabra de Dios no es estática o muerta.

La Palabra de Dios encierra una riqueza y una virtualidad inmensas que el Espíritu Santo nos va descubriendo a cada uno personalmente en la oración. Se nos revela, se nos da a conocer a lo largo de la historia, de nuestra historia, y en el interior de nuestra conciencia cuando hacemos de la Palabra de Dios objeto privilegiado de nuestra meditación diaria. **La oración centrada en la Palabra de Dios tiene sello de garantía y autenticidad.** El Espíritu Santo siempre puede revelarnos algo nuevo y especial por más que no seamos ni teólogos ni expertos en Sagrada Escritura:

Por más misterios y maravillas que han descubierto los santos doctores en este estado de vida, les

---

[3] Cfr. *Verbum Domini,* 87.

quedó todo lo más por decir y aun por entender, y así mucho que ahondar en Cristo.[4]

Cuando Dios nos habla, nos mira a los ojos con una mirada y una palabra personal.

Una persona que toma su vida de oración en serio, dedica todos los días un tiempo a la meditación. La meditación cristiana no es un estado de concentración en el momento presente donde toda tensión se libera y todo pensamiento se purifica; no es la claridad de mente o la conciencia plena del budismo. Es, como toda forma de oración, un encuentro con un Dios personal donde se establece una relación personal de fe y amor con Él. **Orar es estar con Cristo**; la oración está llena de contenido, llena de amor, llena de gracia, llena de Cristo Salvador, llena del Espíritu Santo.

La meditación conviene hacerla, de preferencia, a partir de la Palabra de Dios. Cuando meditamos la Palabra de Dios y la hacemos materia de nuestra oración en la intimidad del propio corazón, se da una conversación personal entre Dios y cada uno de sus hijos. Es como una carta que Dios me escribe personalmente a mí. Nuestra tarea en la oración consiste en leerla con atención, meditarla y contemplarlo a Él interiorizando la Sagrada Escritura en nuestra conciencia y nuestro

---

[4]   San Juan de la Cruz, *Cántico espiritual,* 37.

corazón, y actualizándola en el aquí y el ahora de nuestra historia.

En eso consiste la *Lectio Divina*. Primero escucho a Dios en su Palabra, luego le respondo. Primero leo el texto y respondo a la pregunta ¿Qué dice el texto? Luego lo medito y respondo a la pregunta ¿Qué me dice hoy a mí el Espíritu Santo en este pasaje? Luego le hablo con mi propia oración ¿Cómo respondo a Jesús a partir de lo que me ha dicho? Y, finalmente, lo contemplo, simplemente gustando su presencia.

La palabra escrita en el libro debe bajar a mi corazón para que allí germine, como la semilla en la tierra húmeda. **Al interiorizar la Palabra de Dios, el Espíritu Santo me habla a mí** personalmente. Al actualizar la Palabra de Dios, cuanto me ha dicho se aplica y toma sentido en mi existencia. Se convierte en vida. Es así como se da el diálogo entre Dios y sus hijos.

En los libros sagrados, el Padre, que está en el cielo, sale amorosamente al encuentro de sus hijos para conversar con ellos. Y es tan grande el poder y la fuerza de la Palabra de Dios, que constituye sustento y vigor de la Iglesia, firmeza de fe para sus hijos, alimento del alma, fuente límpida y perenne de vida espiritual.[5]

---

[5]   *Dei Verbum*, 21.

No podemos negar que hay tiempos de silencio donde Dios calla. El silencio es una de las formas en que Dios nos habla. «Dios habla por medio de su silencio», «El silencio de Dios prolonga sus palabras precedentes».[6] También así se nos revela como misterio de amor infinito, a Su manera.

---

[6] *Ídem.*

16. Escuchar a Dios en la Eucaristía

El Sagrario es uno de los lugares donde Jesús habla con más fuerza y claridad. Escuchando testimonios constato una y otra vez que los momentos de oración más provechosos y donde a Jesús se le escucha mejor es ante Cristo Eucaristía. Así les sucedió a los dos de Emaús que reconocieron al Señor en la fracción del pan (cfr. *Lc* 24, 31-35). Y es que Cristo está allí realmente presente en el Sagrario y, siendo Dios, nos conoce y nos llama. Para eso se quedó con nosotros, para ser compañero de camino, consuelo, alimento, luz y guía.

La Eucaristía es Cristo mismo. Cuando queramos encontrarnos con Cristo sabemos bien que siempre estará en el Sagrario. Allí Cristo Eucaristía «lleno de gracia y de verdad, ordena las costumbres, forja el carácter, alimenta las virtudes, consuela a los afligidos, fortalece a los débiles, incita a su imitación y santifica a los que se acercan a Él».[1]

Cristo Eucaristía es el cumplimiento de aquella promesa: «Yo estaré con vosotros todos los días hasta el fin del mundo» (*Mt* 28, 19). El «espíritu que da vida» (*1 Cor* 15, 49) es Él, y a Él lo

---

[1]   *CLC* 52b; cfr. *EM* 6, 37; *SC* 10; *DCVR* 9.

recibimos por los sacramentos que son la fuente de la vida espiritual.

El maestro de oración es Cristo, aquel a quien buscamos en la oración es a Cristo. Por eso, si queremos escuchar a Dios, es muy buen propósito tratar de acudir a misa varias veces por semana. Para vivirla a fondo y aprovecharla de la mejor manera trata de llegar cinco minutos antes. Nuestra mente y nuestra sensibilidad son como un ventilador que, una vez apagado, sigue girando. Por eso es bueno darse unos minutos de tranquilidad en la Iglesia antes de que comience la celebración para calmarnos y tomar conciencia de que vamos a vivir un nuevo Belén y un nuevo Calvario, y hacerlo con María. Creo que es la mejor manera de vivir la misa: de la mano de María y desde el corazón de María. Pedirle que nos ayude a sentir como ella siente al ver a Jesús en sus brazos recién venido al mundo. Y que nos enseñe a estar de pie junto a Jesús en el Calvario.

Al final de la celebración, puedes acostumbrarte a quedarte unos minutos en diálogo con Él. Es excelente costumbre hacer quince minutos de meditación u oración personal diaria en su presencia después de comulgar. Si no te es posible, considera la posibilidad de detenerte a visitarlo en una capilla al salir de la universidad o de la oficina antes de llegar a casa. Poco a poco será más grande tu unión con Él, toda tu persona se irá modelando conforme a Su imagen.

La experiencia nos demuestra cómo después de esas visitas al Santísimo salimos de la capilla en paz. Tantas veces llegamos con el espíritu descompuesto y rebelde y **después de quince minutos frente a Él recobramos la paz**. No hicimos nada, simplemente estuvimos en su presencia, en los brazos del Buen Pastor y Él hizo su labor. Solo necesitaba tenernos delante, rendidos con fe en su presencia, como la hemorroísa: «Con solo tocar su manto, quedaré sana» (*Mt* 9, 21). La fuerza transformante del amor de Dios se desbordó cuando ella se acercó pidiendo al Médico que sanara sus heridas y enfermedades. Así nosotros hemos de acudir con frecuencia a tocar a Jesús, realmente presente en la Eucaristía, y poner toda la fe, confianza y amor que seamos capaces. El resto lo hará Jesús. Tarde o temprano Él hablará y hará el milagro.

Un día en que pasaba por un fuerte sufrimiento moral sentí la necesidad de dejar el trabajo en la oficina e irme a la capilla. Me arrodillé delante de Cristo Eucaristía que estaba colocado sobre el altar. De manera espontánea me salió el gesto de agarrar el mantel, como hizo la hemorroísa con el manto de Jesús, y pedirle con fuerza: «¡Señor, sáname!». Jesús me concedió la gracia. De haber afrontado el problema solo humanamente, creo que me hubiera roto. Cristo Eucaristía me ayudó a vivirlo con fe y confianza en Él, y toda aquella experiencia me hizo mucho bien. Si tiras un huevo al piso, se rompe. Si tiras una pelota, rebota más alto.

Cuando te acercas a Cristo Eucaristía con fe y confianza para sanar tus heridas, Él te concede botar más alto: «Todo contribuye al bien para aquellos que le aman» (*Rom* 8, 28).

La Eucaristía es el pan nuestro de cada día, es decir, algo necesario para subsistir, «el pan vivo bajado del cielo» (*Jn* 6, 51). «Si no comiereis la carne del Hijo del hombre y no bebiereis su sangre no tendréis vida en vosotros» (*Jn* 6, 54). «Mi carne verdaderamente es comida y mi sangre verdaderamente es bebida. Quien come mi carne y bebe mi sangre mora en mí y yo en él» (*Jn* 6, 56-57).

Al comer, el sistema digestivo transforma el alimento en nuestro mismo cuerpo. Al recibir la Eucaristía como alimento es Cristo quien nos transforma en sí mismo. Nos va haciendo como Él. Cuando comemos su cuerpo y bebemos su sangre, crece su presencia espiritual en nosotros, el amor va conquistando terreno, nos va transformando y modelando, haciéndonos más y más semejantes a Él, manteniéndonos vivos espiritualmente.

Podría decirse que la vida eucarística conduce a una transformación de toda la sensibilidad, permitiendo la aparición de los sentidos espirituales: la vista se transforma por la contemplación, el gusto se hace capaz de percibir las realidades espirituales y la dulzura de Dios, el olfato siente el aroma de la divinidad.[2]

---

[2]   Cfr. CHARLES ANDRÉ BERNARD, *Teología espiritual*, Madrid, BAC, 1997, pp. 183-184.

Veíamos precedentemente cómo Cristo nos proponía la parábola de la vid y los sarmientos (cfr. *Jn* 15, 1-8) para instruirnos sobre la unión con Él: La cepa, que es el mismo Cristo, alimenta los sarmientos con su savia. La hostia consagrada nos transmite esa savia, energía o vida en virtud de la presencia real de Cristo en ella, en cuerpo, alma y divinidad. Allí está Cristo entero escondido con todo su poder de Dios.[3]

En momentos de fuerte sufrimiento moral, de soledad, duda o confusión, muchos de nosotros sentimos una atracción especial hacia Cristo Eucaristía. Mis experiencias más sabrosas y fecundas de oración las recuerdo al pie del Sagrario y no han sido momentos fáciles, sino casi siempre de profundo sufrimiento. Delante del Sagrario es buen lugar para pasar el tiempo, especialmente cuando nos aplasta alguna pena, pues «no es el tiempo en sí el que cura, sino lo que hacemos con nuestro tiempo».[4]

¿Necesitas un amigo fiel que te escuche? Cristo Eucaristía.

¿Necesitas fortaleza? Cristo Eucaristía.

¿Necesitas luz y consejo? Cristo Eucaristía.

¿Necesitas confianza y paz? Cristo Eucaristía.

¿Necesitas amar y ser amado? Cristo Eucaristía.

---

[3] *CCE* 1374.

[4] Marcelo Rittner, *Aprendiendo a decir adiós* (cap. Se fue demasiado rápido), México, Planeta, 2004.

¿Necesitas consuelo y compañía? Cristo Eucaristía.

¿Necesitas pedir perdón y perdonar? Cristo Eucaristía.

¿Necesitas llorar? Cristo Eucaristía.

¿Necesitas compartir una alegría? Cristo Eucaristía.

¿Necesitas comprender y aceptar? Cristo Eucaristía.

¿Necesitas poner orden a tus pensamientos y sentimientos? Cristo Eucaristía.

¿Necesitas escuchar la voz de Dios? Cristo Eucaristía.

Cada vez con mayor frecuencia se encuentran capillas donde está expuesto el Santísimo Sacramento. Es el Espíritu Santo quien está suscitando adoradores por todas partes, Él nos introduce en la órbita del Sol Eucarístico. Las custodias donde se expone el Santísimo Sacramento tienen forma de sol, la mayoría de las veces. Estar allí «expuestos al Sol», frente a Él, es escuchar que te dice: «He venido a traer fuego a la tierra y qué quiero sino que arda» (*Lc* 12, 49) y, efectivamente, uno sale con el corazón ardiendo.

Delante del Sagrario se facilita la oración confiada y humilde que no necesita palabras. Haz la prueba y vete allí simplemente para estar en Su presencia, como la criatura ante su Creador, el hijo en los brazos de su Padre, el anfitrión que da cobijo al Huésped de su alma, el pecador junto a su Salvador Misericordioso, el buscador bebiendo de la Fuente, el caminante junto a su Guía Divino, el enfermo con el Médico del alma, el discípulo ante el Maestro, el amigo con el Amigo íntimo de su alma.

Así de simple es la oración del alma humilde: **estar, solo estar, estar con Dios**. «San Ireneo dijo una vez que en la Encarnación el Espíritu Santo se acostumbró a estar en el hombre. En la oración debemos acostumbrarnos a estar con Dios».[5]

Y como el amor crece con el trato, cuanto más lo visitas en el Sagrario, más te familiarizas con Él, tu amor se hace más fuerte, y a la vez, más delicado.

Tengo una amiga que hace adoración eucarística todos los días, me llamó por teléfono justo antes de que yo comenzara a celebrar la misa y al despedirse me dijo: «Cuando tengas a Jesús en tus manos a la hora de la consagración, dile que lo quiero mucho».

Cuando, como un planeta, te sientas atraído por tu centro de gravedad, que es Cristo, y quieras ir a decirle que lo quieres mucho, déjate llevar por el impulso de atracción que Él ejerce sobre ti. Seguramente encontrarás allí otras personas, podrás interceder por ellas y ellas por ti. Más de alguna vez me ha sucedido que, cuando presento amigos y se saludan, se dicen «yo a ti ya te conozco». Se han conocido ante el Sagrario, sin saber el nombre el uno del otro, han coincidido varias

---

[5]   BENEDICTO XVI, audiencia del 20 de junio de 2012.

veces en la misma capilla, ante Cristo Eucaristía. Y es muy hermoso escucharles añadir: «… y he pedido a Dios por ti».

17. ESCUCHAR
A DIOS EN TU CORAZÓN

Si estamos ante Cristo Eucaristía pero no lo acogemos en nuestro corazón con fe, amor y confianza, somos como ciegos incapaces de ver por más que lo tengamos delante. Si entramos en contacto con la Escritura pero no gustamos, como María, la Palabra de Dios en el propio corazón, somos como sordos. Es necesario interiorizar la Palabra de Dios, la Eucaristía, los misterios de nuestra fe, los acontecimientos de la historia... porque allí habla Dios. Orar es estar con Dios en la intimidad del corazón.

Cleofás y su compañero reconocieron que ardía su corazón cuando Cristo les explicaba las Escrituras de camino a Emaús. Su corazón estaba en búsqueda y ellos supieron interiorizar la Palabra y escuchar. Un corazón que escucha es tierra buena, es lo que Cristo Resucitado necesita para revelarse a sus amigos. Por eso a Dios le agradó tanto la súplica de Salomón: «Dame, Señor, un corazón que escucha» (cfr. *2 Cro* 1, 9-10).

Cuando Jesús salió de su casa y su Madre se quedó sola, María estuvo siempre en Su presencia: tenía su corazón centrado en Jesús. María acompañaba a su Hijo con su pensamiento y con todo su amor, aunque no estuviera físicamente a su lado. **María gustaba en su corazón la presen-**

cia de Jesús en su vida pública, y después de su pasión y muerte. Además, no podemos dudar que sabía que Jesús la tenía siempre presente, se sabía muy amada por Él. Aunque estaban físicamente separados, permanecían unidos.

Seguramente, después de la muerte y resurrección de Jesús, la Virgen María enseñó a los apóstoles a seguir construyendo su vida de la mano de Cristo Resucitado. Les recordaría cómo Él les dijo: «Yo estaré con vosotros todos los días hasta el fin del mundo» (*Mt* 28, 20) y les enseñaría a tratar con Él aunque no lo vieran, ni lo escucharan ni lo tocaran como lo hacían antes, sino a través de la fe. María fue maestra de oración para los apóstoles, les enseñó a ejercitar su fe, y así saberse siempre acompañados por el Maestro, dialogar con Él por el camino, consultarle en cualquier momento, tenerle siempre presente y hacer de su vida ordinaria una vida junto a Cristo.

Independientemente de lo que sintamos o no sintamos, por la fe creemos que Cristo está vivo, resucitó de entre los muertos y hoy vive en medio de nosotros y dentro de nosotros. «Yo, el Señor, penetro el corazón, sondeo las entrañas, para dar al hombre según su conducta, según el fruto de sus acciones» (*Jr* 17, 9-10). Lo creemos y lo experimentamos. Frecuentemente se hace presente a través de obras, personas y palabras. Jesucristo nos mira siempre, nos protege, está siempre allí para escucharnos, camina a nuestro lado.

Hagamos lo que hagamos estamos en la presencia de Dios. A nosotros nos corresponde descubrir su presencia, guardar su presencia, gustar su presencia. El corazón humano, templo del Espíritu Santo, es un lugar privilegiado de encuentro con Cristo Resucitado.

> ¡Oh cuán dichosa es esta alma que siente siempre a Dios descansando y reposando en su seno! Dios está allí de ordinario como si descansara en un abrazo con la esposa, en la substancia de su alma, y ella lo siente muy bien y lo goza habitualmente.[1]

Estamos hablando de una presencia que va más allá del recuerdo o la imaginación, es una unión íntima, es la seguridad de la alianza parecida al compromiso matrimonial, que es compromiso y donación mutua de por vida, una seguridad, una sola carne, un estado de vida. Pero, en el caso de la unión con Dios, es algo mucho más profundo todavía, pues se trata de la unión vital con Aquél que nos creó por amor, que nos conserva en la existencia porque somos sus hijos, ahora, por el bautismo, quiere que **Su sangre corra por nuestras venas** y Él mismo habita en nuestro corazón: «¿No sabéis que sois santuarios de Dios y que el Espíritu de Dios habita en vosotros?» (*1 Cor* 3, 16).

---

[1] San Juan de la Cruz, *Llama de amor viva*, 4, 15.

¡Qué lejos estás de mi presencia, mientras yo siempre estoy en la tuya! En todas partes estás presente e íntegro y yo no te veo. Me muevo y existo en ti y, sin embargo, no puedo alcanzarte. Estás dentro y alrededor de mí y no te siento.[2]

En eso consiste la vida espiritual: en **tomar conciencia de esta Presencia viva de Dios que nos habita, gozarla** y pregustar el día en que recibiremos su abrazo eterno y podremos abrazarlo y verlo cara a cara.

---

[2] SAN ANSELMO, *Proslogion*, 1.

18. Escuchar a Dios en tu corazón: el hábito de la presencia de Dios

La cercanía del padre da seguridad al hijo, los brazos de la madre tranquilizan al bebé, la presencia del pastor resguarda a las ovejas. Pero no basta que el padre esté para dar seguridad al hijo; si el hijo no se da cuenta, reaccionará como si su padre no estuviera. Sabemos que Dios nos acompaña a todas partes, que su brazo paternal nos protege en todo momento, que estamos siempre en su presencia. Pero una cosa es saberlo y otra tenerlo presente. **A cada quien le toca avivar la conciencia de que está siempre bajo la mirada de su Padre y en sus brazos**.

El contemplativo es aquel que se sabe de Cristo y está siempre con Cristo. Nunca se siente solo. Vive con la certeza de la presencia de Dios, experimenta la seguridad que le da la fe de saberse amado por Dios y la paz de estar en sus brazos; disfruta el recuerdo de Sus obras y palabras, y cultiva la actitud de querer agradarlo siempre. Su vida es oración continua.

San Agustín, comentando el salmo 37, escribe:

> Todo mi deseo está en tu presencia. Por tanto, no ante los hombres, que no son capaces de ver el corazón, sino que todo mi deseo está en tu presencia.

Que tu deseo esté en su presencia; y "el Padre, que ve en lo escondido, te atenderá". Tu deseo es tu oración; si el deseo es continuo, continua también es la oración. No en vano dijo el Apóstol: "Orad sin cesar". ¿Acaso sin cesar nos arrodillamos, nos prosternamos, elevamos nuestras manos, para que pueda afirmar: "Orad sin cesar"? Si decimos que solo podemos orar así, creo que es imposible orar sin cesar. Pero existe otra oración interior y continua, que es el deseo. Cualquier cosa que hagas, si deseas aquel reposo sabático, no interrumpas la oración. Si no quieres dejar de orar, no interrumpas el deseo. Tu deseo continuo es tu voz, es decir, tu oración continua.

Para Sor Isabel de la Trinidad, la santidad consiste en estar siempre unido a la Trinidad.

¡Es tan buena esta presencia de Dios! Es allí, en el fondo, en el cielo de mi alma donde me gusta buscarle, pues nunca me abandona. Dios en mí y yo en él. ¡Oh! Esta es mi vida. "Permaneced en mí" (*Jn* 15, 4). Es el Verbo de Dios quien da esta orden, quien manifiesta esta voluntad. Permaneced en mí no solo unos instantes, algunas horas pasajeras, sino permaneced... de un modo permanente, habitual. Permaneced en mí, orad en mí, adorad en mí, amad en mí, sufrid en mí, trabajad, obrad en mí. Permaneced en mí para presentaros a cualquier persona, a cualquier cosa, penetrad siempre cada vez más en esta profundidad.[1]

---

[1] *Cartas,* 62.

118

Por el cultivo del hábito de la presencia de Dios, la oración se identifica con nuestra vida, no momentos puntuales y marginales, es el centro de la vida. Y la vida misma, todo lo que nos suceda, cualquier persona que encontremos, hagamos lo que hagamos, si lo interiorizamos, si le damos vueltas en nuestro corazón, todo podrá ser ocasión de encuentro con Cristo.

El hábito de la presencia de Dios consiste en **permanecer junto a Cristo en estado de oración en medio de las actividades ordinarias**; es acordarse de Dios dondequiera que te encuentres y dialogar familiarmente con Él, convirtiendo la vida ordinaria en tienda del encuentro. **La presencia de Dios es la oración presente en toda la vida**.

El estilo de Dios nos facilita el encuentro. Él busca revelarse a través de múltiples medios. Dios está presente en todas las criaturas, especialmente en las personas. **Las criaturas son manifestación del amor de Dios y de su belleza**. Unas son más transparentes que otras, es decir, en unas es más fácil ver a Dios que en otras. A cada uno corresponde tomar conciencia de ello, descubrirlo y llevarlo todo a la intimidad en forma de diálogo afectuoso. El que así procede es un hombre espiritual, que habla con Dios como con un amigo, con toda naturalidad, en cualquier lugar y a partir de cualquier cosa. No como algo ocasional, sino habitualmente. La experiencia demuestra que la facilidad o inmediatez en la comunicación con

Dios durante el día, normalmente ha sido precedida por mucha oración de súplica, un largo camino de purificación y un trabajo espiritual ordenado, constante y paciente.

A medida que conozco más la vida ordinaria de un laico, me convenzo más y más de la importancia de formar el hábito de la presencia de Dios, es decir, de que cultive la capacidad de descubrir la presencia de Dios en todas las cosas y acontecimientos para así vivir siempre de Su mano. Se trata de desarrollar una mayor familiaridad con Dios que nos permita reconocerlo en todo y en todos, especialmente en las personas más cercanas: tu esposo o esposa, tus hijos, tus hermanos, tus papás, las personas con quienes vives, los miembros de tu comunidad si eres religioso. Pensemos en San Juan Evangelista que supo reconocer a Jesús cuando se apareció después de la resurrección a la orilla del lago: «¡Es el Señor!» (*Jn* 21, 7). Dichoso Juan: «Bienaventurados los limpios de corazón, porque ellos verán a Dios» (*Mt* 5, 8). La fe viva descubre a Cristo Resucitado.

Que, así como a Juan, el Espíritu Santo nos conceda reconocer al Señor en todas las personas y en todas partes y nosotros como él podamos decir a lo largo del día: «¡ya te vi!, ¡ya te oí!»

No se trata de ver apariciones y milagros por todas partes, sino de **percibir con la fe la presencia del Resucitado que vive en medio de nosotros e in-**

teriorizar esta experiencia. Al respecto, me gusta mucho la oración de San Patricio:

> Cristo conmigo, Cristo frente a mí, Cristo tras de mí, Cristo en mí, Cristo a mi derecha, Cristo a mi izquierda, Cristo al descansar, Cristo al levantarme, Cristo en el corazón de cada hombre que piense en mí, Cristo en la boca de todos los que hablen de mí, Cristo en cada ojo que me mira, Cristo en cada oído que me escucha.

Narro otra experiencia de misiones pues realmente aprendo mucho de la gente sencilla del campo: un jueves santo tenía que ir a La Ciénega para celebrar la Misa de la Cena del Señor. Tenía previsto ir en caballo pues en aquel tiempo no estaban pavimentados los caminos, había un solo vehículo en el pueblo y se llegaba más rápido a caballo o andando, además de que era hermoso el trayecto. Pero se desató una lluvia tan fuerte que tuve que pedir a un amigo que me llevara en su viejo camión de carga. La bajada de la cañada era muy pronunciada, con curvas cerradas rodeadas de precipicios y el camino todo de barro. La lluvia y la niebla apenas nos permitían ver por dónde íbamos. Le dije al conductor: «Ángel, acostumbro a hacer un examen de conciencia a mediodía, si me permites iré diez minutos en silencio haciendo oración». Ángel retiró una mano del inmenso volante del camión, se alzó el sombrero y así permaneció, con una sola mano en el volante. «Pero ¿qué haces?» le pregunté. Me respondió: «Me quito el sombrero porque usted está en oración y estamos en la presencia de Dios». Le dije: «Mira, mejor agarra bien el volante y yo hago mi examen de conciencia al llegar a La Ciénega».

El hermano Lorenzo de la Resurrección nos dice que:

> La práctica más santa y necesaria en la vida espiritual es la práctica de la presencia de Dios. Consiste en complacerse y habituarse a la divina compañía, hablando humildemente con Él y conversando amorosamente con Él en todo momento, sin ninguna regla pero sin ninguna medida; especialmente en tiempo de tentación, sufrimiento, aridez, turbación e incluso de infidelidad y pecado.[2]

No ha de entenderse el hábito de la presencia de Dios como una actividad intensa, sino como un estado de oración, una conciencia viva de la Providencia de Dios, un saberse hijo de Dios, **saberse habitado** por Dios, velar su presencia. Por la acción interior del Espíritu Santo y la fe viva del creyente, la revelación se actualiza en su oración continua, haga lo que haga. Así, la oración no serán uno, dos o tres momentos puntuales de la jornada, sino el ambiente en que se vive.

---

[2] *Máximas espirituales, medios para adquirir la presencia de Dios*, 2, 1.

San Anselmo nos dejó al respecto una oración bellísima:

Te ruego, Señor, que te conozca y te ame para que encuentre en ti mi alegría. Y si en esta vida no puedo alcanzar la plenitud, que al menos crezca de día en día hasta que llegue a aquella plenitud. Que en esta vida se haga más profundo mi conocimiento de ti, para que allí sea completo; que tu amor crezca en mí para que allí sea perfecto, y que mi alegría, grande en esperanza, sea completa en la posesión.[3]

Vivir en la presencia de Dios en medio de los quehaceres ordinarios es lo que nuestro Señor espera de sus adoradores, los que adoran al Padre «en espíritu y en verdad» (*Jn* 4, 23). Vivir así es prueba de un genuino crecimiento espiritual.

---

[3] SAN ANSELMO, *Proslogion* 26.

19. Escuchar a Dios en tu corazón: LA ALABANZA

La oración continua o el hábito de la presencia de Dios es el camino para santificar la jornada y convertir cualquier actividad en alabanza. Dios habla, yo le escucho en mi corazón y le respondo con alabanzas. Un corazón que escucha, alaba. Y la alabanza es una forma de escuchar a Dios, porque es el Espíritu Santo quien habla a través de ti.

Cuando recibimos un regalo, damos gracias. Cuando tenemos una necesidad, pedimos. Ante un deber, cumplimos. La alabanza, en cambio, es gratuita. Alabamos a Dios con total desinterés, simplemente porque se lo merece, por ser quien es; no porque lo necesitamos ni porque hemos recibido favores ni por obligación. Por eso, **la alabanza es la oración más perfecta**. Celebramos a Dios porque es bueno. Lo alabamos porque es grande y porque su misericordia es eterna. La alabanza no necesita más motivos ni justificaciones: reconocemos la belleza de Dios y lo celebramos.

La alabanza es la forma de orar que reconoce de la manera más directa que Dios es Dios. Le canta por Él mismo, le da gloria no por lo que hace, sino por lo que Él es. Participa en la bienaventuranza de los corazones puros que le aman en la fe antes de verle en la Gloria. Mediante ella, el Espíritu se une a nuestro espíritu para dar testimonio de que somos hijos de Dios, da testimonio del Hijo único en quien somos adoptados y por quien glorificamos al Padre. La alabanza integra las otras formas de oración y las lleva hacia Aquel que es su fuente y su término: "un solo Dios, el Padre, del cual proceden todas las cosas y por el cual somos nosotros" (*1 Co* 8, 6).[1]

La alabanza brota de lo más profundo del corazón, está llena de afectos, de calidez, de alegría y es, por tanto, una oración bella y fecunda. Es una forma de oración que nos ayuda a dirigirnos a Dios con espontaneidad, dejando que los afectos broten con toda naturalidad, sin formalismos ni esquemas hechos, con absoluta libertad.

Al levantarte: ¡Bendito sea Dios! Al ver el amanecer y el rocío en la ventana: ¡Alabado sea Dios! Al ver el crucifijo que tienes en tu cuarto o sobre de tu escritorio: ¡Eres grande, Señor! Al escuchar el canto de los pájaros: ¡Alabado sea Dios! Al percibir el aroma del café: ¡Bendito sea Dios! Mientras vas de camino, alaba a Dios con cantos (es bueno tener una buena colección de cantos religiosos en el coche). Al comenzar las labores, bendícelo. A media mañana, solo porque sí, haz la señal de la cruz con toda calma. Cuando encuentres una

---

[1] *CCE*, 2639.

flor en tu jardín o cuando pases por una florería, llévale una a Él y ponla frente a la imagen del Sagrado Corazón o el crucifijo de tu cuarto. Al recibir buenas y malas noticias, di como Job: «El Señor me lo dio, el Señor me lo quitó, bendito sea el nombre del Señor» (*Job* 1, 21). Cuando experimentes el amor humano y también cuando te ofenden: cierra los ojos o alza la mirada al cielo y dile con todo el corazón: ¡Bendito y alabado seas!

Mientras escribo estas páginas en una casa de oración, recibí, hoy mismo por la mañana, una buena enseñanza de un matrimonio joven: yo estaba rezando ante una imagen de Nuestra Señora. En ese momento el sol estaba despuntando. Al pasar ellos delante y ver la escena se detuvieron y sin más les brotó una oración de alabanza: se tomaron de la mano y comenzaron a cantar juntos: «Dios está aquí, tan cerca como el aire que respiro...»

La gratuidad es otra de las características fundamentales de la oración de alabanza. Es como un abrazo: te lo doy porque te estimo, te lo regalo por el gusto de verte y de estar juntos; no pretendo pedir nada ni recibir nada, simplemente quiero darte un abrazo. Así ha sido Dios con nosotros: nos ha amado sin límites desde la creación del mundo sin más motivos que el amor, por pura benevolencia. Así hemos de ser también nosotros con Él.

Al hablar del amor, San Bernardo nos explica de manera magistral lo que ha de ser la oración de alabanza:

> El amor basta por sí solo, satisface por sí solo y por causa de sí. Su mérito y su premio se identifican con él mismo. El amor no requiere otro motivo fuera de él mismo, ni tampoco ningún provecho; su fruto consiste en su misma práctica. Amo porque amo, amo por amar.[2]

La oración debe tener tres cualidades: espontaneidad, libertad y gratuidad. Estas tres cualidades son características de la oración de alabanza y sin duda su práctica frecuente, a través de alabanzas o jaculatorias espontáneas durante el día, nos ayudará a crecer en la frescura de nuestra comunicación con Dios e ir avanzando hacia la oración incesante.

Creo que me explicaré mejor con otro ejemplo: un domingo por la mañana recibí la llamada de un amigo: «¿Está usted en casa, padre? ¿Puedo pasar un momento con mi familia?» A la media hora llegó con su esposa y sus cinco hijos pequeños. Traían una escoba, un recogedor, un sacudidor, un ramo de flores, una veladora, etc. El señor me explicó que en realidad venían a visitar a Jesús. Pasamos juntos a la capilla y se pusieron a barrer,

---

[2] *Sermón 83.*

sacudir el polvo, cambiar la veladora, colocar las flores. Uno de los niños traía un carrito de juguete y se lo dejó a Jesús cerca del Sagrario. La niña mayor pidió al papá que la alzara para alcanzar el Sagrario y le dio un beso en la puerta. Hecho esto, se fueron felices a comer con los abuelos.

20. ESCUCHAR A DIOS
EN LA NATURALEZA

Un autor ruso del siglo XX escribió:

> Observad más a menudo las estrellas. Cuando tengáis un peso en el alma, mirad las estrellas o el azul del cielo. Cuando os sintáis tristes, cuando os ofendan... deteneos a mirar el cielo. Así vuestra alma encontrará la paz.[1]

Quienes tienen la buena costumbre de buscar espacios de silencio y soledad para contemplar la belleza de la naturaleza, dan testimonio de que escuchan la voz de las criaturas y, si aplican la fe, también allí escuchan la voz de Dios.

Para escuchar es necesario guardar silencio y poner atención. Tal vez no sepas estar en silencio, posiblemente te da miedo la soledad o no sabes qué hacer contigo mismo cuando te encuentras solo y sin aparatos encendidos (televisión, radio, celular, etc.).

Un camino fácil para introducirte en el mundo del silencio es la contemplación de la naturaleza. Prueba a tirarte en el pasto para contemplar

---

[1] N. VALENTINI - L. ŽÁK (ed.), PAVEL A. FLORENSKIJ. *Non dimenticatemi. Le lettere dal gulag del grande matematico, filosofo e sacerdote russo*, Milán, 2000, p. 418.

las estrellas o cerrar los ojos y escuchar la brisa; siente el viento en tu propio cuerpo. Siéntate junto a una fuente o un riachuelo para observar los movimientos del agua. Sal a caminar al campo y contempla todo lo que se mueve allá arriba: las nubes, las aves, las hojas de los árboles. Te sentirás más humano, irás aprendiendo a valorar y a gustar el silencio y la soledad. Incorpora esa costumbre en tu rutina semanal, date tiempo los sábados o los domingos para disfrutar los dones del Creador; allí, **en el silencio sonoro de la creación, Dios te está gritando que te ama**.

Dios te pacifica a través del riachuelo, de la brisa suave que te acaricia y del sonido del silencio. Dios dice que nos ama a través de la belleza de los hijos, de la mirada de tu esposa y del rayo de sol que llega hasta ti desde tan lejos. Dios dice que te cuida a través de la fogata en las noches de invierno, del agua fresca, de las verduras y las espigas. Dios dice tantas cosas a través del canto de los pájaros, del brillo de una estrella y de las olas del mar. La naturaleza ofrece tantas cosas simples que son tan poderosamente expresivas... Son las huellas, el respiro y los latidos del Creador.

Qué fácil es imaginar a Jesús disfrutando a fondo de lo pequeño, lo humano, lo cotidiano: el aroma del pan recién horneado, un buen vino de la viña de su amigo Lázaro, los dulces higos que encuentra mientras va por el camino (cfr. *Mc* 11,

13). Lo vemos detenerse ante un lirio silvestre y admirarse de la poca fatiga con que se vistió mejor que el rey Salomón (cfr. *Mt* 6, 28). Le gustan las vides (cfr. *Jn* 15, 5) y las mieses (cfr. *Jn* 4, 35), le conmueven los pastores y las ovejas, presentes en su vida desde su nacimiento (cfr. *Lc* 2, 8-19; *Jn* 10,1 ss). Privilegia el silencio de las noches estrelladas para gozar de muchas largas y serenas horas de intimidad con su Padre. Valora las necesidades básicas para la vida de su gente como una moneda, el vino y el aceite; saborea el agua fresca del pozo tras una mañana polvorienta caminando bajo un sol inclemente (cfr. *Jn* 4, 6 ss)… Da gusto ver a Jesús, el Hijo de Dios, disfrutando tanto el ser hombre mientras recorría nuestros caminos.

San Jerónimo dice que «**la belleza cuando está más adornada es cuando no lo está**». Qué bien aplica esto a la naturaleza. Por eso el Papa Benedicto nos invita a aprovechar los días de descanso y vacaciones maravillándonos ante el esplendor de la Creación.

Padres, ¡enseñad a vuestros hijos a observar la naturaleza, a respetarla y a protegerla como un don magnífico que nos hace presentir la grandeza del Creador! Hablando en parábolas, Jesús utilizó el lenguaje de la naturaleza para explicar a sus discípulos los misterios del Reino. ¡Que las imágenes que usa se nos hagan familiares! Recordemos que la realidad divina está escondida en nuestra vida cotidiana como la semilla enterrada en la tierra. ¡En nosotros hagamos que dé fruto!.[2]

Hay personas que son naturalmente más sensibles, hay quienes menos; unos y otros debemos cultivar nuestra sensibilidad para ser más contemplativos. Pensemos, por ejemplo, en San Francisco ante la naturaleza y en la Madre Teresa ante las personas. Por eso el Papa Benedicto nos exhorta a cultivar esta sensibilidad:

> Cuanto más habite Dios en nosotros, tanto más sensibles seremos también a su presencia en lo que nos rodea: en todas las criaturas, y especialmente en las demás personas, aunque a veces precisamente el rostro humano, marcado por la dureza de la vida y del mal, puede resultar difícil de apreciar y de acoger como epifanía de Dios. Con mayor razón, por tanto, para reconocernos y respetarnos como realmente somos, es decir, como hermanos, necesitamos referirnos al rostro de un Padre común, que nos ama a todos, a pesar de nuestras limitaciones y nuestros errores. Quien sabe reconocer en el cosmos los reflejos del rostro invisible del Creador, tendrá mayor amor a las criaturas, mayor sensibilidad hacia su valor simbólico.[3]

---

[2] 10 de julio 2011.
[3] *Homilía en la Solemnidad de la Santísima Madre de Dios,* 1 de enero de 2010.

Un consejo práctico para cultivar la sensibilidad en la contemplación de la naturaleza es fotografiarla. He visto que las personas que tienen el gusto por la fotografía de la naturaleza se vuelven más observadoras, ven más, ven mejor, aprenden a detenerse y gustar la presencia de la belleza de Dios en las cosas. **Lo cotidiano se vuelve zarza ardiente que te interpela** (cfr. *Ex* 3, 1-6).

Otra sugerencia práctica para escuchar a Dios en la naturaleza es hacer analogías. Es un recurso que yo aplico en ocasiones y me ayuda mucho para iniciar un diálogo con Dios. Por ejemplo: cuando veas un rayo de luz abrirse paso entre los árboles, piensa en Jesús que vino desde tan lejos y se hizo hombre para salvarte; cuando vayas a la playa alza la mirada y observa la grandeza y la potencia del mar y luego detente a observar cómo sus olas se deslizan suavemente sobre la arena: así es el amor de Dios Todopoderoso que hoy se acerca con ternura hasta tu orilla. Y a partir de eso, ponte a conversar con Dios.

También puedes leer un poco sobre los símbolos bíblicos para que en adelante escuches mejor a Dios a través de las cosas más comunes:[4] las nubes, el camino, la montaña, la lluvia, el fuego, la noche, el rocío, el desierto, la brisa… Todo ello significa algo profundo en el lenguaje bíblico.

---

[4] Por ejemplo, el *Vocabulario de teología bíblica* de Leon Dufour.

21. Escuchar a Dios
EN LAS PERSONAS

Durante una conferencia en la ciudad de México, una señora se puso de pie y me dijo: «A veces es más fácil encontrar a Dios en la naturaleza que en las personas». Tristemente a veces es así, pero no siempre. Otra persona me dijo que se le dificulta hacer oración por los malos sentimientos que le provocan algunos seres cercanos.

En una ocasión acompañé a un grupo de jóvenes de California que vinieron a misiones a México. En la madrugada del segundo día, cuando apenas despuntaba el alba, fui a orar. En el bosque vi la silueta de una persona. Me acerqué y encontré a uno de los jóvenes contemplando la profundidad de la cañada. Le pregunté qué hacía. «Hablo con Dios», me respondió. «¿Acostumbras a hacerlo todas las mañanas?» «No, es la primera vez en mi vida. Yo tengo todas las cosas que quiero y no soy feliz. En cambio, ayer que visité las familias para poner techos de lámina en sus casas, entré en contacto con las personas más pobres que he visto en mi vida y son a la vez las personas más felices que he conocido: los niños, los ancianos, todos… tienen una mirada y una sonrisa maravillosa. Ellos tienen algo que yo no tengo y es eso lo que les da la felicidad; tienen a Dios. Dios me habló a través de ellos y ahora le estoy respondiendo».

En otras misiones de padres e hijos constaté de nuevo cómo a Dios se le escucha en las personas: un empresario americano quería convivir unos días con sus hijos, a quienes normalmente les dedicaba poco tiempo. Decidió hacerlo misionando, así podría conocerlos en un ambiente diferente, mientras daban un poco de amor y de las cosas que tenían a los más pobres entre los pobres. Al terminar la jornada, mientras caminábamos en medio de la neblina por el bosque de regreso a casa, de pronto se detuvo y con los ojos llenos de lágrimas me dijo: «Padre, nunca he sido tan feliz con tan poco». Efectivamente, allí no tenía ni cama para dormir, ni buena comida, ni el respeto de sus subordinados, ni señal de teléfono… Pero ese día escuchó la voz de Dios que le dijo lo mucho que podía hacer por los demás; el lenguaje que Dios usó fue el amor de sus hijos y la sonrisa agradecida de la gente que servía.

Una experiencia misionera más: pasamos una noche muy fría. Al amanecer, un misionero que vino desde Nueva Zelanda fue a buscarme y me dijo: «Si nosotros hemos pasado tanto frío, me puedo imaginar cómo pasaron la noche los campesinos en la montaña. ¿Conoce usted una familia muy pobre a la que pueda dejarle todo lo que traemos yo y mis hijos?» Le llevé con una familia que vive alejada, en la sierra. Encontramos solo a Reina y a sus hijos pequeños. El misionero me pidió que preguntara a la señora por qué estaban tan felices aún en medio de tanta pobreza y sufrimiento. La señora respondió: «Porque ustedes se han acordado de nosotros y han venido a visitarnos. Los misioneros son Cristo en persona para nosotros.» El hombre se conmovió mucho y salió a llorar por el campo. Regresó y me pidió que le dijera a Reina que había traído sus bolsas de dormir, sus botas, chamarras y algunas cosas más para regalárselas, pero quería saber de qué más tenían necesidad pues quería ayudarles. La mujer, con una voz llena de paz y unos bellísimos ojos negros que le brillaban de gozo, respondió: «Dígale al señor que no nos falta nada, que tenemos a Dios y una familia unida, lo tenemos todo.» El misionero me abrazó profundamente conmovido, y de regreso al centro, me contó todo lo que Dios le había dicho a través de aquella familia.

Leí recientemente el testimonio de una chica que no conseguía creer en Dios, nada le convencía hasta que un amigo le recomendó: prueba a ver si Dios te habla a través de las personas que te aman. Y entonces vio, oyó y creyó.

Dios habla a través de los actos buenos de las personas, de los conocidos y los desconocidos. A los hijos, Dios nos habla a través de los cuidados, la educación y el trabajo de nuestros padres. A los esposos, a través del amor de su cónyuge, y así a los hermanos, a los novios, a los amigos, etc. Haz la prueba y detente a hacer memoria de las personas que has conocido en tu vida y que han dejado alguna huella de amor en tu corazón. Esa huella es el eco del amor de Dios a tu alma.

Cuando vivimos la mística de acercarnos a los demás y de buscar su bien, ampliamos nuestro interior para recibir los más hermosos regalos del Señor. Cada vez que nos encontramos con un ser humano en el amor, quedamos capacitados para descubrir algo nuevo de Dios. Cada vez que se nos abren los ojos para reconocer al otro, se nos ilumina más la fe para reconocer a Dios.[1]

Detrás del lenguaje del amor humano está el Sagrado Corazón de Jesús. Dios no está detrás de un huracán que destroza un pueblo (ni los huracanes piensan ni Dios es un tirano), pero sí está detrás de los amigos que te acompañan en tu dolor, de los jóvenes que visitan los asilos y los orfanatorios, de los hijos que acompañan a su padre enfermo, de los hombres que finalmente se deciden a reconocer su error y pedir perdón, de los buenos amigos cuando perdonan y olvidan aunque el otro no lo merezca.

Si te acercas al corazón de las personas con humildad y en actitud de escucha, Dios te habla. «He aquí mi secreto. Es muy simple: no se ve bien

---

[1]   *Evangelii Gaudium,* 272.

sino con el corazón. Lo esencial es invisible a los ojos».[2]

Para mí, este es uno de los medios por los que Dios me habla con mayor frecuencia y claridad. Dios me dice tantas cosas a través de la paciencia que los demás me tienen, del cariño de mis amigos, de las personas que escucho en dirección espiritual, de las atenciones y gestos de bondad de tanta gente que encuentro en mi ministerio sacerdotal; de quienes me ofrecen consejo, de los predicadores, de las palabras y obras del Papa, de mi propio director espiritual, de mis hermanos sacerdotes con quienes convivo a diario. Cada acto de caridad encierra el gran regalo del amor divino. **Me imagino a Dios repartiendo abrazos a través de la gente que sabe amar**.

Toda la vida de Cristo fue un ver en las personas el plan salvífico de su Padre; cuando veía la pureza de los niños, bendecía a su Padre, y proyectaba la Misericordia del Padre cuando veía a las multitudes hambrientas, a los enfermos, como cuando trató a la mujer adúltera, al buen ladrón y a los que le crucificaban.

Escuchamos a Dios en las personas porque Dios está en ellas.

---

[2] Antoine De Saint-Exupéry, , *El Principito*, México, Editorial Digital UNID, 2014.

22. EL SELLO DE GARANTÍA

¿Por qué Dios nos creó si no necesita de nadie? ¿Por qué el amor de Dios se desbordó? Porque el amor es desbordante. Así el buen cristiano: si en verdad es un hombre de oración estará lleno del Espíritu Santo. Y, puesto que el Espíritu Santo es el Amor en persona, el orante va a desbordar amor, paz, luz en su entorno, porque es Cristo quien vive en él (cfr. *Gal* 2, 20) y comunica al Cristo que lleva dentro con la fuerza del Amor que lo posee y lo desborda. Ama con el mismo Espíritu de Cristo. Lleva al mundo, comenzando por su propia casa, la persona de Cristo, de ese Cristo al que antes ha visto y oído. La oración se autentifica con la caridad.

> Aunque hablara las lenguas de los hombres y de los ángeles, si no tengo caridad, soy como bronce que suena o címbalo que retiñe. Aunque tuviera el don de profecía, y conociera todos los misterios y toda la ciencia; aunque tuviera plenitud de fe como para trasladar montañas, si no tengo caridad, nada soy (*1 Cor* 13, 1-2).

Volvamos a la experiencia de los primeros cristianos. Su experiencia del amor de Cristo encendía en ellos una luz que iluminaba no solo sus vidas, sino las de cuantos les rodeaban. Su amor a Cristo se convertía en una riqueza por compartir, un mensaje que comunicar. Cuando hablaban de Cristo, se remitían a una vivencia personal: «Yo le vi dar la vida por mí». «Yo le vi resucitado». «Os anunciamos lo que hemos visto y oído...» (*Act* 4, 20). «Nosotros somos testigos de todo esto...» (*Act* 5, 32). «A este Jesús Dios le resucitó; de lo cual todos nosotros somos testigos» (*Act* 2, 32).

De su amistad con Cristo brotaba el sentido de misión: «Ay de mí si no predico el evangelio» (*1 Cor* 9,16). Teniendo la certeza del amor de Cristo, eran capaces de cualquier cosa, soportaban cualquier sufrimiento. Recordemos aquella ocasión en que Pablo y Silas fueron encarcelados después de haber recibido muchos azotes (cfr. *Act* 16, 23-34). Si bien físicamente presos; su espíritu permanecía en plena libertad y se pusieron a cantar himnos al Señor. Fue Él, el Señor, quien soltó los cepos, abrió las puertas de la cárcel, y con ellas, las del corazón de aquel carcelero. Oración: testimonio contundente, luz que alumbra en la oscuridad. Así llegó la pregunta contagiada de entusiasmo por parte del carcelero: «¿Qué tengo que hacer para salvarme?», y el fruto: «recibió el bautismo él y todos los suyos».

Los primeros cristianos no transmitían una idea, un método, un plan... No poseían una estrategia. Simplemente daban testimonio de su experiencia personal del Hijo de Dios. Como Moisés, que bajaba de la montaña con el rostro resplandeciente (cfr. *Ex* 34, 29-35), los primeros cristianos irradiaban la luz que habían recibido de su encuentro con Cristo. Hablaban de Cristo como Alguien a quien ellos conocían de primera mano, como su hermano, su amigo, su Redentor. Personas así son **testigos convincentes y atrayentes**.

El Papa Francisco nos explica quién es el testigo:

> El testigo es uno que ha visto, que recuerda y cuenta. Ver, recordar y contar son los tres verbos que describen la identidad y la misión. El testigo es uno que ha visto, con ojo objetivo, ha visto una realidad, pero no con ojo indiferente; ha visto y se ha dejado involucrar por el acontecimiento. Por eso recuerda, no solo porque sabe reconstruir en modo preciso los hechos sucedidos, sino también porque aquellos hechos le han hablado y él ha captado el sentido profundo. Entonces el testigo cuenta, no de manera fría y distante sino como uno que se ha dejado poner en cuestión y desde aquel día ha cambiado de vida. El testigo es uno que ha cambiado de vida.[1]

Hans Urs Von Balthasar en el libro *¿Por qué me hice sacerdote?*, narra el ambiente de oración que se vivía en casa de la familia Duval:

---

[1]   19 de abril de 2015.

En casa, nada de piedad expansiva y solemne; solo cada día el rezo del rosario en común, pero es algo que recuerdo claramente y que lo recordaré mientras viva... Yo iba aprendiendo que hace falta hablar con Dios despacio, seria y delicadamente. Es curioso cómo me acuerdo de la postura de mi padre. Él, que por sus trabajos en el campo o por el acarreo de madera siempre estaba cansado, que no se avergonzaba de manifestarlo al volver a casa; después de cenar se arrodillaba, los codos sobre la silla, la frente entre sus manos, sin mirar a sus hijos, sin un movimiento, sin impacientarse. Y yo pensaba: "Mi padre, que es tan valiente, que es insensible ante la mala suerte y no se inmuta ante el alcalde, los ricos y los malos, ahora se hace un niño pequeño ante Dios. ¡Cómo cambia para hablar con Dios! Debe ser muy grande Dios para que mi padre se arrodille ante él y también muy bueno para que se ponga a hablarle sin mudarse de ropa".

En cambio, a mi madre nunca la vi de rodillas. Demasiado cansada, se sentaba en medio, el más pequeño en sus brazos, su vestido negro hasta los tacones, sus hermosos cabellos caídos sobre el cuello, y todos nosotros a su alrededor, muy cerquita de ella. Musitaba las oraciones de punta a cabo, sin perder una sílaba, todo en voz baja. Lo más curioso es que no paraba de mirarnos, uno tras otro, una mirada para uno, más larga para los pequeños. Nos miraba, pero no decía nada. Nunca, aunque los pequeños enredasen o hablasen en voz baja, aunque la tormenta cayese sobre la casa, aunque el gato volcase algún puchero. Y yo pensaba: "Debe ser sencillo Dios cuando se le puede hablar teniendo un niño en brazos y en delantal. Y debe ser una persona muy importante para que mi madre no haga caso ni del gato ni de la tormenta". Las manos de mi padre, los labios de mi madre me enseñaron de Dios más que mi catecismo.[2]

---

[2] JORGE SANS (ed.), *¿Por qué me hice sacerdote?*, Salamanca, 1992, pp. 32-33.

23. Un viaje fascinante

La oración es como una peregrinación al misterio de Dios en la penumbra de la fe. Cuando intimamos con Dios en la oración nos concede gozar de su misterio, nos envuelve en sus brazos, más aún, nos cobija dentro de su Corazón.

Orar es avanzar por el camino interior hacia los brazos del Padre con la guía del Espíritu Santo Consolador y teniendo a Jesucristo como maestro y modelo.

Orar es comunión de amor con la Santísima Trinidad. El orante se dirige a Dios como Padre, como lo hacía Jesús. Padre es el nombre propio de Dios. Así nos lo reveló Jesucristo, quien vive contemplándolo permanentemente: «El Padre, que me ha enviado, posee la vida, y yo vivo por Él. Así también el que me come vivirá por mí» (*Jn* 6, 57).

En Jesucristo contemplamos la belleza del Padre, Él es «resplandor de Su gloria» (*Hb* 1, 3), el que está con nosotros, Dios-con-nosotros (cfr. *Is* 7, 14). Su misión es nuestra salvación. Tratamos con Cristo como nuestro Salvador, nuestro Redentor: «Padre, yo deseo que todos estos que tú me has dado puedan estar conmigo donde esté yo» (*Jn* 17, 24). Somos pecadores rescatados por la sangre de Cristo y en la oración cristiana nos dirigimos a Él como nuestro Redentor para darle las gracias, pedirle perdón, aprender de Él.

Tratamos también con el Espíritu Santo cuya misión es nuestra santificación. A partir del bautismo tenemos toda una vida por delante para crecer y asemejarnos como hijos que somos, al Hijo con mayúscula. Esa labor paciente de transformación conforme a la imagen de Cristo la va realizando el Espíritu Santo poco a poco, como el agua que se desliza por años sobre la piedra de río: primero era burda y llena de aristas afiladas, luego, a medida que se deja modelar, se va volviendo suave y bella. El Espíritu Santo es el Santificador, el Alfarero de nuestro barro, el Huésped de nuestra alma, nuestro Socio con el que trabajamos para realizarnos en plenitud como hombres y como cristianos. Él es amor y derrama el amor de Dios en nuestros corazones (*Rm* 5, 5).

La vida interior más que camino, es caminar; caminar en el desierto, donde no hay caminos. No es camino fácil, tampoco complicado pero sí está lleno de sorpresas. Contamos con la guía segura del Espíritu. En el camino por el desierto que es la vida se afina el oído, percibimos cada vez con mayor facilidad el sonido del silencio, un silencio que no es soledad ni vacío, es un silencio habitado por Jesús.

La vida interior se descubre y se disfruta gradualmente. Dios te seduce y tú te dejas seducir. El paso lo marca el Espíritu Santo para cada uno; lo hace al ritmo que Él quiere y de la propia disponibilidad al encuentro.

Poco a poco se va aprendiendo a gustar y disfrutar la belleza del desierto; es vivir de fe, esperanza y caridad, como María. La vida cristiana es creer en Dios, esperarlo todo de Él y corresponder a Su amor. Dios se me revela y yo le creo, tengo la certeza de que está aquí aunque no lo veo. Dios me ofrece un lugar junto a Él en el cielo y me promete la fuerza del Espíritu Santo a lo largo del camino; y yo confío en Él, le doy crédito; trabajo todo lo que puedo y me abandono en sus brazos. Dios me ama, me atrae a la intimidad de la comunión trinitaria y yo me dejo atraer, cultivo una amistad profunda con Él, sé que me ama, me entrego y le poseo. Vivo en Él y Él en mí. **Comunión de amor: eso es la vida interior**.

La vida interior es búsqueda y es encuentro, es combate y es paz, es trabajo y es descanso, es deseo y es posesión, es vacío y plenitud, es cavar el pozo y sacar el agua, es oscuridad y es luz, es vaciar y es llenar, es desierto y manantial, es entrar y salir, es tocar y abrir, es andar y estar, es silencio y melodía, es soledad y compañía, es miseria y Misericordia, eres tú y es Él, te es familiar y desconocida, es dar y recibir, es amar y dejarte amar... es un viaje fascinante.

Vas de subida y vas a fondo. A medida que subes se revela la profundidad del misterio de Dios. Conforme avanzas, te vas despojando de todo; estás cada vez más solo: Él te conduce a la soledad para hablarte al corazón. Conforme te vas quedando solo, disfrutas más Su compañía: sientes que te envuelve y que te impregna la brisa suave del Espíritu y eso no solo basta, desborda.

Casi siempre es de noche, una noche luminosa en que el control se te escapa de las manos y a la vez todo hace sentido. No da miedo, la certeza de la mirada amorosa del Padre te da confianza y seguridad; te sientes protegido por sus brazos paternales. Te sabes amado, muy amado, y disfrutas la certeza y la belleza de ser hijo de la Misericordia. Misericordia, en eso se resume todo. Somos hijos de la Misericordia.

En el taller del Alfarero, tu alma se va tornando en un jardín del Edén, antesala del cielo que Dios se prepara para la intimidad con sus hijos. No puede esperar más. Aunque indigna, allí todo es vida y todo es bello, porque Dios la habita.

María te acompaña siempre; su presencia dulce y silenciosa te da seguridad. Como la mejor de las madres te protege del demonio con firmeza. Es comprensiva y paciente, como una dulce pastora que te lleva siempre a los verdes pastos y a las aguas tranquilas de Su Hijo. Si se lo pides, Ella te va formando como lo hizo con Jesús.

El modelo es Cristo. La ruta está trazada en la Escritura: fuente fecunda que poco a poco revela Su riqueza, siempre viva y generosa, siempre actual, toda Suya, toda nuestra.

El alimento del orante es la Eucaristía; Él mismo cocina para nosotros, nos nutre con su cuerpo a lo largo del camino y nos tiene el banquete eterno preparado.

24. La oración en pareja
y en familia

Si tu cónyuge y tú han leído este libro estarán en sintonía y querrán ayudarse y ayudar a sus hijos a mejorar su comunicación con Dios y a alcanzar el cielo.

¿Qué pasaría si tu vida matrimonial y familiar se convirtiera en un taller de oración donde niños, jóvenes y adultos pudieran rezar y aprender a rezar? Responde el Papa Benedicto XVI:

> Gracias a la fuerza de la oración, se transforma y se mejora gradualmente la vida personal y familiar, se enriquece el diálogo, se transmite la fe a los hijos, se acrecienta el gusto de estar juntos y el hogar se une y consolida más.[1]

Cuando Jesús enseñó que «donde dos o más se reúnen en mi nombre allí estoy yo en medio de ellos» (*Mt* 18, 20), seguramente estaba pensando en los matrimonios y las familias.

Pocas cosas tan bellas como una familia que ora unida. Pocas lecciones tan efectivas para un joven como su padre de rodillas. Pocos medios como la oración para mantener un matrimonio

---

[1]   17 de enero de 2009.

unido. Pocos lazos tan fuertes como las plegarias. Pocos lugares tan amables a la hora del sufrimiento como la Eucaristía. Pocas acciones tan efectivas como confiar a la Virgen María al hijo alejado o perdido. Pocos recuerdos tan significativos en un hogar como los bautizos, las primeras comuniones, las bodas y los funerales.

Habrá tiempos de oración personal, tiempos de oración en pareja y tiempos de oración en familia. Algunos momentos básicos de oración en familia pudieran ser la acción de gracias por las noches, el ofrecimiento del día camino a la escuela, la misa dominical, un misterio del rosario en familia, la bendición de los alimentos, encomendarse al Ángel de la guarda al emprender un viaje... Y también oraciones espontáneas en cualquier momento del día; por ejemplo, si van todos juntos en coche y pasan frente a una Iglesia pueden hacer una comunión espiritual. Muchos papás procuran ir juntos a misa un día entre semana y tal vez hacer un rato de adoración eucarística después de la comunión. También pueden proponerse leer juntos un pasaje de la Escritura cada día o utilizar el mismo libro para su meditación diaria y así luego comentarlo y ayudarse entre sí a llevar a la práctica sus resoluciones.

Sin embargo, poner en práctica todos estos momentos de oración de un momento para otro puede resultar costoso. En la oración matrimonial y familiar también aplica el principio de gradualidad, el realismo y la adaptación a tiempos y lugares. Lo ordinario en una pareja es que cada uno tenga su propio estilo y ritmo en su vida de oración; es normal, pues la oración es algo muy personal. Cada uno tiene su historia, su camino andado y su propio modo de rezar. «El Señor conduce a cada persona por los caminos que Él dispone y de la manera que Él quiere. Cada fiel, a su vez, le responde según la determinación de su corazón y las expresiones personales de su oración».[2] Conozco parejas donde él y ella tienen buenos hábitos de oración pero su manera de orar, sus necesidades y sus preferencias son distintos. No deben sentirse culpables si no pueden orar siempre juntos, pero algo de oración hay que hacer unidos. Si lo han hecho desde el noviazgo o si antes han rezado junto con otras personas, les será más fácil rezar con su pareja.

Lo que es determinante es que los novios traten con frecuencia y a fondo el tema de la oración y la práctica sacramental, para asegurar que en su vida matrimonial haya sintonía y que juntos acuerden un estilo de vida realmente católico, donde los dos toquen en armonía bajo la guía de un mismo director de orquesta: el Espíritu Santo, que es el Amor en persona. De lo contrario, los desfases y resistencias en este campo causarán mucho dolor y continuas fricciones, además de

---

[2]   *CCE,* 2699.

que no está bien que una pareja que celebra el sacramento del matrimonio se olvide luego de alabar a Dios y cultivar la amistad con Él. En el matrimonio son tres los que hacen alianza, pero tres en sinergia, no solo sumados.

Mencioné el realismo y la adaptación: tal vez no sea el caso rezar el Rosario completo todos los días con niños pequeños, seguramente van a cansarse y terminará por resultarles tedioso; mejor un solo misterio bien rezado, dirigido por el más inquieto.

Me gustó cómo una mamá enseñó a sus niños a rezar a la Virgen María: a veces, en lugar del Padre nuestro al inicio del misterio decían: «Papá Dios, te queremos mucho» y en lugar de las diez avemarías: «María, cuídanos» y por turnos iban cambiando la respuesta con intervenciones espontáneas: «María, te queremos», «María, llévanos al cielo», «María, gracias por traernos a Jesús», etc. A medida que los niños van creciendo será necesario adaptarse, pensando en lo que más ayude a los jóvenes, a los adolescentes, a los varones, a las chicas...

También hay que adaptarse a los diversos tiempos del año y a los períodos litúrgicos.

¡Sería hermoso si, sobre todo en este mes de mayo, se rezase juntos en familia, con los amigos, en Parroquia, el santo Rosario o alguna oración a Jesús y a la Virgen María! La oración en conjunto es un momento precioso para hacer aún más sólida la vida familiar, la amistad ¡Aprendamos a rezar cada vez más en familia y como familia![3]

En días de descanso y vacación podrán hacer cosas diferentes, como peregrinaciones a santuarios marianos, excursiones a ermitas de montaña, construcción de una gruta en el jardín dedicada a la Virgen, de un oratorio o rincón de oración en casa. Durante adviento y cuaresma los mismos hijos pueden organizar para toda la familia actividades ingeniosas como poner pajitas en el pesebre después de cada acto de caridad o quitar espinas de la corona de Jesús después de cada sacrificio.

Quisiera aplicar el principio del realismo a un aspecto concreto: si tienen la costumbre de hacer sus oraciones en pareja y acaban de tener una discusión, no se sientan mal si en ese momento no les es posible rezar juntos. Conocí un matrimonio americano que cuando surgen conflictos matrimoniales uno de los dos dice: «*safe place!*» que significa «se acabó la pelea y vámonos a un espacio neutro»; el lugar seguro puede ser el oratorio familiar o una capilla donde está el Santísimo Sacramento. Allí se apaciguan los ánimos, suplican a Dios Nuestro Señor que les ayude y se piden perdón. El realismo va de la mano de la prudencia, para saber percibir cuándo no es

---

[3]   PAPA FRANCISCO, 1 de mayo de 2013.

el momento apropiado para invitar al otro a rezar juntos, de manera que en lugar de ayudar pudiera provocar situaciones incómodas.

Ojalá sea el padre el líder espiritual de la familia. Nadie mejor que él para dar testimonio de que «un día sin oración es como un cielo sin sol, un jardín sin flores».[4] Los hijos toman mejor la indicación espiritual si viene del papá, especialmente cuando llega la adolescencia. Las esposas procuren darles espacio y evitar intervenciones como la que escuché alguna vez: «si no vas a rezar bien, mejor lo hago yo». La formación religiosa de los hijos toca a los dos; muchas veces los papás están ausentes, se inhiben, dejan el «departamento de religión» a cargo de la mamá y ellos se desentienden. Eso no agrada a Dios y no ayuda para nada a los hijos.

Sobre este tema el Papa Francisco dijo magníficamente: «La fe se mezcla con la leche materna: experimentando el amor de los padres se siente cercano el amor de Dios».[5] En esa misma ocasión, el Pontífice invitó a pensar que en esta ocasión el vino sería como una metáfora de diferentes situaciones de nuestra vida cotidiana como puede ser el estar enfermo, tener problemas con la familia, la falta de trabajo, etc. Por esto aseguró que: "Rezar siempre nos saca del perímetro de

[4] Juan XXIII, *Orar*, 21.
[5] 6 de julio de 2015.

nuestros desvelos, nos hace trascender lo que nos duele, lo que nos agita o lo que nos falta a nosotros mismos y nos ayuda a ponernos en la piel de los otros, en sus zapatos", y añadió que la familia es una escuela donde se nos recuerda que nuestro prójimo vive bajo el mismo techo y comparte nuestra vida.

El contexto familiar se presta muy bien para ejercitarse en las diversas formas de oración: bendición y adoración, petición, intercesión, acción de gracias y alabanza.

La celebración de los cumpleaños puede ser un modo de bendecir a Dios por el don de la vida; también festejar el aniversario del bautismo. Oración de petición: es buena costumbre pedir a María y a José por el futuro esposo o esposa de sus hijos. Intercesión: los cónyuges pueden interceder el uno por el otro y juntos por aquel familiar o amigo que les ha hecho sufrir. Acción de gracias: después de haber pedido un favor, ir en familia a visitar a Cristo Eucaristía a darle las gracias o simplemente ponerse de rodillas todos juntos ante una imagen de Cristo crucificado. Oración de alabanza: participar en familia en las alabanzas de la comunidad parroquial o escuchar y cantar juntos salmos y cantos religiosos en las principales fiestas litúrgicas: Triduo Sacro, Pascua, Pentecostés, Navidad...

25. ¿Cómo perseverar?

Tal vez te haya sucedido que al ver el testimonio de un gran orante, al evaluar tu vida en fin de año y al comenzar el nuevo, después de la muerte de un ser querido o de un susto que tuviste en un accidente, al escuchar una homilía, o después de participar en un retiro, ejercicios espirituales o taller de oración, te brota el gran deseo de mejorar tu vida de oración y tomas tus resoluciones... pero al poco tiempo te arrastra la inercia de tus antiguos hábitos y vuelves a las mismas... Tal vez regresas al retiro el año entrante y después de un mes, otra vez lo mismo... Y entonces te viene la tentación del desaliento y la desesperanza.

La perseverancia en los buenos propósitos es todo un reto; ciertamente lo es para mí. En los cursos de oración que imparto, suelo hacer una encuesta a los participantes. Les pregunto cuáles son las principales dificultades que han encontrado para crecer en su vida de oración. Invariablemente, el 90% del grupo responde: la falta de perseverancia. ¿Por qué? Por falta de firmeza, de organización y de una firme determinación. Es decir, sucede lo que Jesús narra en la parábola del sembrador: la semilla de la palabra es robada, se quema por lo superficial de la tierra o se ahoga entre las espinas (cfr. *Mc* 4, 1-20).

Habiendo tomado una o dos resoluciones concretas, con la firme determinación de poner los medios para mejorar la propia vida de oración, lo que sigue es perseverar en los buenos propósitos. Si perseveras durante tres meses poniendo en práctica todos los días lo que te has propuesto, habrás formado el hábito. Una vez formado el hábito, ya todo es más llevadero. Esto requiere fuerza de voluntad: está comprobado que la fuerza de voluntad es un hábito detonador de muchos otros hábitos.

Junto a la firme determinación y a la constancia, conviene poner otros dos medios: la dirección espiritual y la comunidad, equipo o grupo de oración.

Recomiendo mucho la formación de grupos de parejas: son un don de Dios para las familias. Me refiero a grupos y comunidades de oración, formación y misión. Aprenden juntos, oran juntos, se divierten juntos, hacen misiones juntos, se crean lazos fuertes de amistad entre matrimonios de valores afines y entre todos se ayudan a perseverar en el matrimonio y en la oración. Y luego, los hijos se conocen entre sí y terminan encontrando pareja.

Cuando te propones algo arduo o exigente, es innegable el beneficio de afrontar el reto junto con otras personas que quieren lograr lo mismo que tú. Piensa en las dietas, el ejercicio diario, la sobriedad del alcohólico (uno de sus grandes secretos de éxito de Alcohólicos Anónimos es la reunión semanal de grupo). Hay mayores garantías de éxito si luchas junto con otros.

Las comunidades de oración tienen un fundamento bíblico. En el libro del Génesis 2,18 leemos: «No es bueno que el hombre esté solo» y en el Evangelio vemos cómo Jesús forma un grupo con los discípulos, les llama «a estar con Él» (Mc 3, 3) y les invita a amarse los unos a los otros (Jn 13, 34). «El hombre es por su íntima naturaleza un ser social, y no puede vivir ni desplegar sus cualidades sin relacionarse con los demás.»[1]

El punto de referencia de los grupos de oración es la comunidad de los apóstoles reunidos en torno a Cristo. Vemos a Cristo vivir, orar y misionar con los apóstoles. Después de la muerte de Jesús y de la Ascensión, los apóstoles siguen viviendo de la misma manera: se reunían, en compañía de María, para orar con un mismo espíritu (*Act* 1, 14) y para perseverar en el amor fraterno (*Act* 2, 42). Lo comparten todo y viven con un mismo espíritu, que es el mismo Espíritu de Cristo que se ha derramado sobre ellos (*Rm* 5, 5). En fin, los seguidores de Cristo «no tenían sino un solo corazón y una sola alma» (*Act* 4, 32).

Con la presencia del Espíritu Santo dentro de sus corazones, los grupos de oración como

---

[1] *Gaudium et spes,* 12.

comunidades de vida cristiana, «se ayudan mutuamente a llevar las cargas» (*Gal* 6, 2) a vivir la caridad cristiana (*Rm* 13, 10) y a gozar los frutos del Espíritu: «amor, alegría, paz, paciencia, afabilidad, bondad, fidelidad, mansedumbre, dominio de sí» (*Gal* 5, 22).

La vida de equipo, los grupos o comunidades de oración, son verdaderamente un gran medio de perseverancia y crecimiento espiritual. San Juan Pablo II lo tenía muy claro al trazar el programa para el tercer milenio: «Para una pedagogía de la santidad es necesario un cristianismo que se distinga ante todo en el arte de la oración.» Por ello, «nuestras comunidades cristianas tienen que llegar a ser auténticas escuelas de oración» (*NMI* 32, 33).

La forma concreta de iniciar podría ser que tengan primero un retiro, ejercicios espirituales o taller de oración como matrimonios (para así estar todos en sintonía y dejar que el Espíritu Santo mueva los corazones y dé el banderazo de salida), e inmediatamente formen el grupo de oración entre parejas afines, reuniéndose cada semana o cada quince días.

Y, muy importante, poner el grupo en manos de la Santísima Virgen María, para que ella les ayude a perseverar y forme a cada uno a imagen de su Hijo. Así lo hicieron los apóstoles reunidos en el Cenáculo.

164

La presencia de la Madre de Dios con los once, después de la Ascensión, no es solo un registro histórico de una cosa del pasado, sino que adquiere un significado de gran valor, porque Ella comparte con ellos lo más valioso: la memoria viva de Jesús, en la oración; comparte esta misión de Jesús: preservar la memoria de Jesús y así mantener su presencia.

Venerar a la Madre de Jesús en la Iglesia, significa entonces aprender de ella a ser una comunidad que ora: esta es una de las características esenciales de la primera descripción de la comunidad cristiana descrita en los Hechos de los Apóstoles (cfr. 2, 42).[2]

En la primera comunidad del cristianismo «se observa una actitud subyacente importante: ante el peligro, la dificultad, la amenaza, la primera comunidad cristiana no trata de hacer un análisis sobre cómo reaccionar, encontrar estrategias de cómo defenderse a sí mismos, o qué medidas tomar, sino que ante la prueba empiezan a rezar, se ponen en contacto con Dios».[3] Los matrimonios sufren hoy grandes pruebas y amenazas, a ejemplo de los primeros discípulos de Jesús les conviene unirse y apoyarse entre sí. «Esta concordia es el elemento fundamental de la primera comunidad y debería ser siempre fundamental para la Iglesia»[4]. «Esto, creo, es el primer prodigio que

---

[2] BENEDICTO XVI, 14 de marzo de 2012.
[3] BENEDICTO XVI, 18 de abril de 2012.
[4] *Ídem.*

se produce cuando los creyentes son desafiados a causa de su fe: la unidad se refuerza, en lugar de verse comprometida, ya que está sostenida por una oración inquebrantable. La Iglesia no debe temer las persecuciones que en su historia se ve obligada a soportar, sino que debe confiar siempre, como Jesús en Getsemaní, en la presencia, en la ayuda y el poder de Dios, invocado en la oración».[5]

5 Ídem.

Conclusión

Comenzamos el libro hablando de la sed de paz interior. La paz, fruto de la presencia del Espíritu Santo en el alma, hay que buscarla, hay que pedirla y hay que cultivarla. La certeza del amor de Dios nos da paz, una profunda paz, es la fuente de la paz. La paz mundial que todos queremos será posible solo si hay paz en los corazones y en los hogares. «Cuanto más se penetra en Dios, más nos adentramos en la paz. El que tiene su yo en Dios tiene la paz, el que tiene su yo fuera de Dios no tiene la paz».[1] **La civilización del amor se construye a partir de la paz interior y de matrimonios y familias en paz**: «Haciendo reinar en vuestras familias el amor y el perdón, contribuís a la edificación de una Iglesia fuerte y hermosa y a que haya más justicia y paz en toda la sociedad».[2]

---

[1] BENEDICTO XVI, 18 de abril de 2012.
[2] BENEDICTO XVI, 19 de noviembre de 2011.

Bibliografía

ARMENDÁRIZ, L. M., *Hablar con Dios en la intimidad, en la naturaleza y en la historia,* Madrid, Palabra, 2007.

BERNARD, C. A., *Teología espiritual, hacia la plenitud de la vida en el Espíritu,* Madrid, BAC, 1997.

BENEDICTO XVI, *Exhortación apostólica postsinodal Verbum Domini.*

CABASILAS, N., *La vida en Cristo,* Madrid, Rialp, 1999.

CASTELLANO, J., *Pedagogía de la oración cristiana,* Madrid, CPL, 2002.

Catecismo de la Iglesia Católica.

Constituciones de Legión de Cristo, Roma, 2014.

CORBON, J., *Liturgia fontal, misterio, celebración, vida,* Madrid, Palabra, 2009.

CORBON, J., *Liturgia y oración,* Madrid, Cristiandad, 2004.

Documento de Aparecida, CELAM.

GUARDINI, R., *Introducción a la vida de oración,* Buenos Aires, San Pablo, 1976.

HERMANO LORENZO, *La práctica de la presencia de Dios.*

JUAN XXIII, *Orar, su pensamiento espiritual,* Barcelona, Planeta, 2000.

LAFRANCE, J., *Aprender a orar con Sor Isabel de la Trinidad,* Madrid, Editorial de la Espiritualidad, 1984.

LAFRANCE, J., *La oración del corazón,* Madrid, Narcea, 2006.

MARTÍNEZ, L. M., *El Espíritu Santo,* México, La Cruz, 2000.

Nemeck, F. K. y M. T. Coombs, *Corazón que escucha,* Madrid, Narcea, 1984.

P. María Eugenio del Niño Jesús, *Quiero ver a Dios,* Madrid, Editorial de la Espiritualidad, 2002.

P. María Eugenio del Niño Jesús, *Tu amor creció conmigo, Teresa de Liseaux,* Madrid, Editorial de la Espiritualidad, 1990.

Padre Jacques, *No le digo nada, solo lo amo, la oración contemplativa,* Bogotá, Buena Prensa, 2004.

Philippe, J., *El tiempo para Dios, guía para la vida de oración,* Madrid, Rialp, 2001.

San Juan de la Cruz, *Cántico espiritual.*

San Juan de la Cruz, *Llama de amor viva.*

Santa Teresa de Jesús, *Camino de perfección.*

Santa Teresa de Jesús, *Libro de las Fundaciones.*

Sor Isabel de la Trinidad, *Obras completas,* Burgos, Monte Carmelo, 2009.

Made in the USA
Columbia, SC
23 December 2020